乔治·索罗斯传

刘丽娟◎著

时代文艺出版社

图书在版编目（CIP）数据

乔治·索罗斯传 / 刘丽娟著. —长春：时代文艺出版社，2016.4（2021.3重印）

ISBN 978-7-5387-5117-8

Ⅰ.①乔… Ⅱ.①刘… Ⅲ.①索罗斯，G.－传记Ⅳ.①K837.125.34

中国版本图书馆CIP数据核字（2016）第001765号

出 品 人　陈　琛
责任编辑　孟宇婷
装帧设计　孙　利
排版制作　隋淑凤

乔治·索罗斯传

刘丽娟 著

出版发行 / 时代文艺出版社
地址 / 长春市福祉大路5788号　龙腾国际大厦A座15层　邮编 / 130118
总编办 / 0431-81629751　发行部 / 0431-81629755
官方微博 / weibo.com / tlapress　天猫旗舰店 / sdwycbsgf.tmall.com
印刷 / 三河市嵩川印刷有限公司
开本 / 710mm×1000mm　1 / 16　字数 / 150千字　印张 / 12
版次 / 2016年4月第1版　印次 / 2021年3月第2次印刷　定价 / 36.00元

目录
Contents

在当今国际投资者的圈子里，有很多必须提及的投资大师，但要说哪位投资大师最有个性，哪位投资大师最有争议，哪位投资大师最值得研究，这个人非乔治·索罗斯莫属。他是一个奇迹。

索罗斯是犹太人，一个侥幸躲过纳粹侵害的匈牙利小孩，很难想象，乔治·索罗斯是一个差点命丧纳粹铁蹄之下的人，好在他有一个聪明的父亲犹华达，他不但保住了乔治·索罗斯的性命，还灌输给他"生存"二字的真谛，他带着5000美元闯荡华尔街；从一个卖手袋的推销员，到创立量子基金，成为"世界上最伟大的投资人"之一；从"投石问路"的投资试验，到一掷亿金的资本豪赌，索罗斯的投资之路，充满了磨难和挫折，但他靠着他的智慧、勤奋最终成就了一个投资界的传奇。索罗斯的事迹让很多投资者佩服得五体投地，将他奉为神灵。

有人说，他是一个捣蛋鬼，因为他喜欢用自己的钱去对付一个国家的货币营运，并且还获得了空前的成功。更多人了解乔治·索罗斯应该是从1997年的亚洲金融危机开始，这个被称为金融大鳄的人几乎是在一夜之间卷走了20亿美元，此举令东南亚多个国家的领导人咬牙切齿。如今多数英国人或许还记得这个1992年平均从每个英国人口袋中拿走12.5英镑的来自匈牙利的犹太人，但在一些英国人眼中，他并不是一个"十恶不赦的家伙"，而是"击败英格兰银行的人"。

乔治·索罗斯为什么能做到这一点？具体地说，乔治·索罗斯运用怎样的投资技巧才得以在金融市场上兴风作浪？或许这是一个很多人都答不上的问题，一个甚至连股票专家、证券分析师、乔治·索罗斯的研究者都无法回答的问题。

乔治·索罗斯是一个富翁，但他对财富并不像人们想象的那样感兴趣。他的一位朋友曾经说过："如果再让乔治·索罗斯赚10亿美元，他也不见得会高兴。或者说，当他赚到第一个10亿美元时，他也没有特别地高兴。"

因为对父亲灌输给他的"生存"思想有着不一样的理解，所以他总是把金钱当作工具而不是目的，甚至有的时候他会鄙视自己赚的钱。他不像一般的富人那样，他不喜欢收藏，没有私人飞机和游艇，他时常会乘坐出租车或者巴士。在友人的眼中，乔治·索罗斯是一个极为简朴的富人。

在伦敦经济学院就读时，他的偶像是卡尔·波普，卡尔·波普《开放社会及其敌人》一书中阐述的思想对乔治·索罗斯有着巨大的启示作用，这让乔治·索罗斯将哲学奉为"经典"，同时他也以此形成了一套自己的观念：反身性理论和盛衰理论，并把这两个理论应用到了金融市场中，取得了非凡的效果。

很多人说，索罗斯有"点石成金"的本领，也有人因为他争议性的投资手法，将他称为"金融大盗"、"投机魔王"、"金融怪才"、"资本舵手"。连他自己也说："我是一个复杂的人，在世界一些国家和地区，我以迫使英格兰银行屈服和使马来西亚人破产而出名，即作为投机者和魔鬼而出名。但在世界其他地区，我被视作'开放社会'的捍卫者、慈善家。"其实，无论怎样评价索罗斯，人们都不得不承认他的确拥有非凡的投资才华和智慧。

第二章 想当「救世主」的犹太人

1. 心怀梦想的男孩

如果找出一个能与"股神"沃伦·巴菲特"相提并论"的人，那么极有可能是乔治·索罗斯，一个出生在匈牙利，最终成为美国公民的犹太人，一个一生充满了激情与故事的人。

1930年8月12日，吉奇·索拉什出生在匈牙利首都布达佩斯，"吉奇·索拉什"是匈牙利语，英语化后就是"乔治·索罗斯"。

乔治·索罗斯的父亲是一名律师，叫作犹华达，是一个非常有生意头脑的人；母亲伊丽莎白多才多艺，对绘画、雕刻、音乐和文学都非常感兴趣，索罗斯的艺术细胞来源于他的母亲。他还有一个哥哥名叫保罗，年长他两岁。

第一次世界大战时，犹华达在俄罗斯度过了3年，这3年对他来说犹如地狱，磨难时时来袭。这段痛苦的经历对他和对乔治·索罗斯都有着重大的意义。犹华达在监狱学会了怎样生存，这是他最终活下来的条件，他也将自己的生存思想灌输给了乔治·索罗斯，这对索罗斯日后在投资领域奋战意义非凡。

犹华达因为在被俘期间遭受了太多的苦难，所以他对金钱的看法似乎有些"偏见"。他认为财富是一种负担，在最关键的时刻并不能帮上更大的忙。这令他本人养成了挥金如土的习惯，而这种思想对乔治·索罗斯的影响也是极大的。

乔治·索罗斯性格坚毅，这也为他的一生做了铺垫。父亲教育他，不管遇到什么问题都要自信，即使遇到再多困难也要努力克服、解决。所以在日后风云变幻的市场上我们可以看到乔治·索罗斯不管是投资股票、债券或者基金，总能控制大局，处于不败之地。这种思维方式及处事方式都来源于他的父亲。

　　索罗斯最喜欢听父亲讲述自己的经历，他非常佩服父亲，他认为父亲是一个聪明人，庆幸父亲能够大难不死、自己可以生活在这样的家庭。在父亲的影响下，他儿时的梦想更加清晰了——做"救世主"。刚听到这些的时候，很多人认为他这是小孩子的呓语，可是几十年后很多人都认为他是"神"，对于"神"的概念，乔治·索罗斯小时候就有这样的"感觉"。

　　当一个成人说自己像"神"的时候，一般人都会觉得他在开玩笑，但当一个孩子对世界还不甚了解时便说出这样的话，那么还应该将他说的话看作是笑话吗？那是一个人的梦想。他在一本书中写道："从孩提时代起，我就拥有相当强烈的救世梦想，但我不得不控制，否则，它们会给我带来麻烦。"

　　小伙伴们早已不记得索罗斯曾经说过要做救世主的这番话，也许索罗斯只是说给自己听的，他没有对小伙伴们重申自己的梦想。后来索罗斯回忆说，这种梦想让他痛苦，因为这根本就是一个无法达成的梦想，救世主的梦想就是要拯救所有的人，可是这种能力不是天生的，也不是经过后天的努力就可以达到的。

　　乔治·索罗斯对自己梦想成为"救世主"的想法保持了多久不得而知，不过可以知道的是，小时候的他对这个梦想"极为坚定"，并持之以恒。

乔治·索罗斯十岁开始上学，他是一个运动天才，在游泳、网球和航海方面都很出众。因为爱运动，他的身体非常棒。小时候的乔治·索罗斯喜欢打架，这也使他在同学们的眼中更具有"攻击性"。

1939年德国入侵波兰后，第二次世界大战便全面爆发了。乔治·索罗斯的学校开始分班上课，他和很多犹太人被分到了一个班级，可是他一直对自己的犹太人身份有抵触情绪。

1944年，第二次世界大战开始，很多国家成了参战国。这一年，德国入侵匈牙利，乔治·索罗斯一家因为是犹太人，开始了他们的逃亡生活。在这个过程中，乔治·索罗斯日渐成熟起来，也慢慢践行了早年父亲灌输给他的两个字：生存。逃亡对乔治·索罗斯的影响巨大，或者说童年这番不一般的经历让他更有理由使自己的意志变得坚强。对于乔治·索罗斯来说，他的"逃亡"也许并不是躲避纳粹，而是和平时代来临后寻找怎样的出路。

那是一段让人难忘的时光，在纳粹侵占布达佩斯期间，"逃亡"对于乔治·索罗斯来说定义并不明显，起码作为孩子的他除了没有"自由"外，其他一切正常，只有父亲为了逃亡而与纳粹做着斗争。

乔治·索罗斯在这段难忘的时光里了解了生存的重要性。虽然那时他并不能将其上升为理论，但亲身经历总比理论更让人信服。也就是这次经历让乔治·索罗斯明白，或者说让他养成了两个习惯：第一，不害怕冒险——当时他们一家人几乎天天处于冒险之中；第二，即便要冒险，也不要将全部身家都押上——这点尤其重要。乔治·索罗斯在日后的商场博弈中，从不会真正地孤注一掷、不计后果地投入。相反，他总会给自己留有余地。

乔治·索罗斯成为金融巨子之后，很多人都称他为"天才"，这是因为他的作为如果不以"他是天才"来解释的话是说不通的。事实上，没有人认为小时候的索罗斯异于常人，乔治·索罗斯并非天才，他只是一个努力勤奋的人而已。他经常能表现出他的主动性，乔治·索罗斯对股票的兴趣也是从小时候开始的。

在他十岁的时候，他编辑了一份叫作《卢帕之音》的报纸，并亲自写文章刊登在报纸上，在那两年里，他将报纸卖给卢帕岛上的居民，获得了一定的收入。曾经有人回忆索罗斯说："他认准一件事，就会据理力争，他是一个性格强硬、专横的人。"

当小孩子们还在把娱乐和游戏当成自己生活全部的时候，乔治·索罗斯却在看《资本论》，这时候的他是与众不同的，几乎没有人小时候喜欢看这种枯燥的书籍。他七岁的时候和伙伴们玩匈牙利版本的"大富翁"游戏，为了使游戏更为激烈，他便加入了股票交易的部分。可以想象，索罗斯是玩得最出色的。

索罗斯一生的很多次投资，在其他投资者看来是冒了巨大的风险，但索罗斯也比这些不敢冒险的人取得了更大的成功。就是因为在股市中，静观其变要承担的风险比理性冒险承担的风险更大。在他看来，在股市中求生本身就是一种冒险。不得不承认，索罗斯小时候的经历对他影响深远，性格的塑造是在成长中形成的。

2. 逃亡中的成长

1943年，第二次世界大战中的盟军占领了意大利的南部，战争的阴云笼罩了整个布达佩斯。一时间，几乎所有的学校都被迫关闭。乔治·索罗斯的幸福童年结束了。虽然他还是一个孩子，可是他必须像一个大人一样成熟起来，去思考如何生存。

那是一个痛苦不堪的年代，作为犹太人，在德国军队到来前都。谁也不知道会发生什么事，因为奥斯维辛集中营中犹太人被大量屠杀的"谣言"早已传遍布达佩斯的每一个角落。这里有将近一百万犹太人，如果奥斯维辛集中营的屠杀是真的，那么布达佩斯恐怕也难逃厄运。他们都藏在家里最隐蔽的地方，街上空荡荡的，非常凄凉。他们担心希特勒的军队会延续奥斯维辛集中营的罪行，不放过布达佩斯，他们担心被"种族灭绝"。

对纳粹人的恐惧，索罗斯的父亲犹华达更是早有预测，他比一般人要镇定得多，在纳粹上台的时候，犹华达就预言纳粹的铁蹄迟早有一天会踏入布达佩斯，因此他在第二次世界大战前就已经做了充足的准备，把一些不动产变卖，免除家里的后顾之忧，原本以为躲在家里就可以躲过这次灾难，可是这个心愿没有实现，一家人的和平梦想被一道命令打破。

犹太委员会接到了一道命令，纳粹让一些犹太人带上毯子和足够吃一天的食物，在某一天集合到犹太学校里，犹太委员会把这个命令交给了乔治·索罗斯。回到家的索罗斯带回了纳粹的"命令"，上面写着一个个人名，父亲看了那些人名后非常沮丧，因为纸条上写着很多布达佩斯律师的名字，这是纳粹的驱逐令。犹华达知道这很难实现，他告诉儿子："就按照这个去传递吧，告诉那些人这是驱逐令。"可是那些人并不相信索罗斯的话，他们没有离开，他们认为自己是守法公民，纳粹会放他们一条生路。结果证明犹华达是对的，在那年年底，有很多犹太人死在了纳粹手里。

犹华达为了能够保全儿子的性命贿赂了一名官员，为儿子伪造了非犹太人身份证，有了新的身份——那时乔治·索罗斯叫"西诺斯·克以斯"，作为交换条件，犹华达让那名官员的妻子也躲过了纳粹的追捕。

他的眼睛是蓝色的，头发是金色的，这些都遗传于母亲，不像黑黑的父亲，所以当别人告诉他"不像犹太人"的时候，他非常开心，没有什么比别人说他长得不像犹太人能更让他高兴的了。

父亲犹华达的聪明和机警让全家总能在危机中化险为夷，乔治·索罗斯在紧张和惊险中度过了他一生中最快乐的时光。或许是因为父亲犹华达表现太过出色，以至于当更多的孩子在没有家人保护，或者有家人保护却也未必十分安全的情况下，他甚至都没有感到多少恐惧。

1945年，第二次世界大战结束了。乔治·索罗斯一家人从藏身的地窖中回到了他们此前的居住地洛拔岛，与幸存下来的同族人交流彼此在战时恐慌的心情，同时，他们考虑日后的出路。在战争中，乔治·索罗斯从父亲身上学到了自信、坚毅，这让他更加有信心能在家乡以外的任何一处过得更精彩。

虽然被德国占领的时间只有一年，可是却让布达佩斯的每个人都牢记那段时光，乔治·索罗斯也是其中一个。犹华达觉得，战后的局势越发不明朗，如果有可能还是远离这片喧嚣之地为好。

十五岁的索罗斯又重新回到了学校，虽然学校已经没有此前犹太人和非犹太人的区分，但因为多数孩子都没有从战争的恐惧中摆脱出来，所以上课的时候竟然会随身带着枪。当时学校中的气氛与战时一般无二，甚至比战时更加紧张。

1947年，17岁的乔治·索罗斯拿到了护照，他准备离开自己生活了十几年的家乡，到外面的世界闯荡。和父亲交流沟通后，索罗斯得到了父亲的支持，父亲建议他去伦敦，因为那里有一个叫法兰克的亲戚，到了那里可以有亲戚投靠。

19世纪的英国是一个强大的殖民主义帝国，伦敦是名副其实的国际金融中心。然而，由于英国是第二次世界大战的主要参战国，经济遭受了严重的打击，纽约成了新的世界经济中心。

那一年8月，准备就绪的索罗斯踏上了去伦敦的火车，他对那里充满幻想，希望自己的事业可以从那里开始。

美丽的幻想在见到了亲戚后变成了泡影，亲戚法兰克并没有表现得很热情，把他当成了难民，连最简单的关心和照顾都没有。虽然索罗斯不希望依靠亲戚做成多少事，可还是有一些伤感。乔治·索罗斯本以为可以寻找到新的生活，却不想现实与梦想差距甚大，让他顿感失望。

经过了"战争的洗礼",乔治·索罗斯成熟了许多,他知道抱怨并不会让生活施舍任何东西给他,一切都要靠自己的双手来创造。不知道当时客居在伦敦的乔治·索罗斯会不会后悔选择伦敦,或许这并不能用后不后悔来形容,因为伦敦并不是乔治·索罗斯最后的居住地,充满机会和冒险的华尔街才是他最后的居所。

3. 孜孜不倦

1947年秋天,索罗斯只身离开祖国,到外面的世界闯荡。他的哥哥保罗因急于完成工程课程,在匈牙利多待了一年。索罗斯的第一站是瑞士的伯尔尼,而后去了伦敦,一个对青少年颇富吸引力的地方。

1947年12月,乔治·索罗斯参加了伦敦经济学院的入学考试。那时,乔治·索罗斯的生活十分清苦,每周开销只有3英镑左右,每天都在节衣缩食中度过。这样的生活持续了好久,直到他快过不下去了,他不得不向表哥借钱。到了第二年,对乔治·索罗斯来说更是辛苦,因为父亲没有足够的钱来供应他,他只能依靠美国佛罗里达州的婶婶救济。

那是一段非常清贫苦恼的日子,生活拮据的乔治·索罗斯只能靠打零工度日。他当时在一家电影明星常去的餐厅打工,在那里,他生活得似乎都不如一只猫,猫还能吃到沙丁鱼,而他只能看着猫吃。

上天终于对乔治·索罗斯投出了希望的火苗，几个月以后，他转到了一家农场打工，在这家农场里，被雇佣的工人原本是按天算钱，但乔治·索罗斯认为这样并不公平，于是他联合了农场的多数工人举行了一次罢工，希望农场主能够"计件"。最终，乔治·索罗斯取得了胜利，他们的收入也比以前更多了。

1949年春，乔治·索罗斯再次参加考试，这一次，他正式成为了伦敦经济学院国际金融系的学生。乔治·索罗斯在大学期间主修的课程是经济学和哲学，或许连乔治·索罗斯都想不到，这两个学科影响了他的终身。

如果说在伦敦的生活曾经让乔治·索罗斯有过退却之心，那么成为伦敦经济学院的学生无疑给他打了一针强心剂。伦敦经济学院是英国享有盛名的机构，这里是很多人理想的去处，因为这所学院是寻找一份好工作的保障，也是很多人学术生涯的开始。

如果说在刚刚踏上伦敦时老天在考验乔治·索罗斯，那么此时老天似乎因为乔治·索罗斯经受住了考验而开始给予他回报。在这所学校里，他可以充足吸取养分，慢慢地蓄积能量。为了能将时间充分地利用起来，乔治·索罗斯在学校附近的一栋楼里租了一个单间。伦敦经济学院的学长也住在乔治·索罗斯这栋楼里，这使他可以从学长那里借阅很多学校没有的书籍。

同时，乔治·索罗斯还找到了一个十分清闲的泳池救生员工作，此时他的生活才算是步入了正轨，乔治·索罗斯开始静下心来安安稳稳地从大量的书籍中吸取养分了。他克服了昔日的孤独，虽然依旧很穷，但比以前开心了许多。由于来游泳的人并不是很多，所以他大部分时间都是泡在图书馆里，他喜欢阅读书籍，喜欢在知识的海洋里遨游。那一年的夏天是非常快乐的，他可以天马行空地去想象，然后变成铅字——他非常喜欢写作。

乔治·索罗斯既希望得到务实的经济学训练，又迫切地希望能够研究国际政治的趋势，这似乎有一些矛盾。他选修了1947年进入伦敦经济学院任教商学系的詹姆斯·米德的课程。不过乔治·索罗斯日后表示，他当时并没有从詹姆斯·米德的课程中学到更多的东西。

乔治·索罗斯比较推崇的是自由市场经济学家弗雷德里希·冯·哈耶克在1944出版年的著作《通往奴役之路》，该书对法西斯进行了极大的抨击。还有一个就是当时社会声望非常高的哲学家——卡尔·波普，他的"开放社会"的思想对乔治·索罗斯个人思想的影响是巨大的。

卡尔·波普是当时西方最有影响力的哲学家之一，他也出生于一个富裕家庭，是犹太人。卡尔·波普最具影响力的著作之一——《开放社会及其敌人》出版后，受到了政治学界和哲学界人士的广泛好评。乔治·索罗斯在伦敦经济学院最大的收获，莫过于接受了《开放社会及其敌人》的深刻洗礼，这对于一个20多岁的大学生而言是难得的——很少有20多岁的大学生对抽象的理论能像乔治·索罗斯理解得那样深刻。他十分赞同卡尔·波普提出的观点，在求学时他希望卡尔·波普能够当他的导师。后来乔治·索罗斯曾写过一本名叫《开放社会》的书。在这本书中乔治·索罗斯也谈及了《开放社会及其敌人》的观点，这一度让卡尔·波普感觉自己的书遇到了"真正的读者"。

乔治·索罗斯在熟读了《开放社会及其敌人》一书，并完成了他第一本阐述人类社会性质的书《意识的重负》后，便将相关的几篇论文提交到卡尔·波普那里，希望这位德高望重但有些高傲的教授能够担任他的指导教授。他通过卡尔·波普"开放社会"的思想，将个人体验放到了一个理性的境地。乔治·索罗斯所放置个人体验的理性境地或许很多人都想不到，包括一辈子致力于哲学研究的卡尔·波普也想象不到：他竟然会将其与金钱联系起来，将原本抽象的理论变成了现实生活中赚钱的工具。

乔治·索罗斯喜欢哲学，在他看来，将抽象的理论变成实际可操作的"工具"，似乎是哲学的一种隐形功能。更重要的是，乔治·索罗斯从高深的哲学理论中分离出了最实用的部分，缔造出了金融世界的新理论。可是作为一个大学生，他也不得不面对所有大学生需要面对的问题，就是他的职业规划。

索罗斯在《金融炼金术》中写道："小时候，我沉浸在相当自大的情绪中。说得更坦白一些，我把自己想成是上帝，或者是凯恩斯那样的经济改革家，甚至是像爱因斯坦那样的科学家。我很清楚地意识到自己的这种想法有多么超乎寻常，所以我带着一种罪恶的心理将这种想法深埋于心。"从索罗斯的讲述中，我们发现，在他年少的时候，他就相当地自信。这种自信源于他的内心，并且这种自信为他以后的事业奠定了基础。

索罗斯在《索罗斯带你走出金融危机》一书中也曾以"一个失败的哲学家"自居，他说他深受卡尔·波普哲学思想的影响。虽然他想成为哲学家的梦想没有实现，但他还是义无反顾地进行研究。

十几年来，他一直坚持以自己的反身性理论指导投资，即一个"参与者的看法和真实事件之间的双向反馈回路。人们将他们的决定基于他们对于事件的认知和了解，而并不是基于他们所面临的真实事件。他们的决定对事件产生了影响，而事件的改变则很可能反过来改变他们的想法。"虽然这一理论一直未被学界认可，但索罗斯还在努力地推广它。索罗斯把自己的理论用在投资中，取得了很好的效果。

4. 坎坷求职路

乔治·索罗斯怀揣着寻找新生活的"梦想"到达了伦敦，可是他眼中的伦敦并不是一个可以为他梦想买单的地方。他很希望能成为卡尔·波普那样的人物，留在伦敦经济学院教书，最终成为一位哲学教授——这是乔治·索罗斯很长一段时间内最大的理想——在其成为亿万富翁后，他也时常想起这个理想，也总是在众人面前称自己是一个哲学家。

早期求学之路的坎坷想必他终生难忘，不过幸好父亲犹华达早年灌输给他的"生存"二字他牢记在心，从多次苦难中煎熬过来的事实证明他清楚了这两个字的含义。1953年春天，乔治·索罗斯在伦敦经济学院毕业。像所有待业的大学生一样，他面临的也是一个双重选择，就业还是创业。在大学时期朋友的介绍下，乔治·索罗斯认识了麦尔公司老板的儿子西尔弗曼。乔治·索罗斯征服了西尔弗曼，他深深地为这位伦敦经济学院毕业的高才生所折服，并希望能够成为合作伙伴。

麦尔公司是一家销售礼品和装饰品的公司，在当时来讲算得上是行业内的佼佼者。作为伦敦经济学院的毕业生，乔治·索罗斯自然要就职相对高端的职位，在这家公司各个部门实习了一段时间后乔治·索罗斯被派往了销售部门做销售助理。

销售手提袋并不是他的"职业规划"，虽然工作了几年，可是他无时无刻不感觉到压抑和烦躁。一个对生活充满信心，对生存的意义理解深刻的人是不会因为一时的苦难而消退意志的。直到有一天，他觉得自己选错了路，在考虑了一段时间后跳槽到了与麦尔公司有业务往来的一家饰品和纪念品的批发商公司工作。几年的经验让他在当上了这家公司销售代表的同时，也开上了公司配给他的福特汽车。他的工作依旧是推销，从伦敦到威尔士，再到一些海滨娱乐区域，销售工作是非常锻炼人各方面能力的。

有一次，乔治·索罗斯做成了一笔交易，将一批手提袋卖给了一个小店铺，对于一个有着外地口音的外国人来说，推销产品并不简单，最让人不可思议的是这间小店已经堆积了很多卖不出去的货物，不过这个店主还是买下了乔治·索罗斯的手提袋。

考虑到自己是伦敦经济学院国际金融系的毕业生，乔治·索罗斯打定主意到银行去试一试，那里和自己所学的东西还是相匹配的。随后，乔治·索罗斯写了多封求职信，发给伦敦各家银行和投资公司的经理，希望金融系毕业生的身份能成为敲门砖。终于他收到了属于他的第一封面试信，面试的人告诉了索罗斯很多道理，和索罗斯讲述了这行的"潜规则"。他说，伦敦的金融圈存在着极为严重的裙带主义，有关系的人才能进来。"天无绝人之路"，乔治·索罗斯想起了自己在伦敦当眼科医生的表哥，在表哥的介绍下，乔治·索罗斯进入了辛格·弗利兰德公司。

在这家公司里，乔治·索罗斯一开始做一名记账员，具体的工作就是将每天外汇交易的内容全部记下。每天下班之前，要将借贷双方的账目轧平。这项工作在专业人士眼中并不困难，但乔治·索罗斯几乎每天都会出错。最后，公司将他调去做公司内著名的黄金交易员卜嘉的助手，协助他在黄金上的交易。

索罗斯从最初的记账员到黄金交易员的助手，其间做了许多工作，他一直负责的都是一些无关紧要的工作，渐渐地，他的激情越来越少。但他进入套利部门的第一天就被研究小组的讨论吸引了。有一个成员也是匈牙利人，他可以算作乔治·索罗斯开始套利赚钱的"导师"。这个匈牙利同胞对乔治·索罗斯很好，教他怎样套利，怎样学会套利时的思考方式以及一些注意事项。

乔治·索罗斯慢慢地掌握了套利的技巧和注意事项，从一个市场的低价买入，而后从另一个市场的高价卖出，赚取中间的差价，他从表哥那里借来的用于套利的几百英镑很快翻番了。在这个同胞的教导下，再加上乔治·索罗斯"天生"对交易的"敏感度"，他很快便投入了一小部分资金测试学习结果。他对从事这个行业充满了信心，可是由于他只做股票和黄金的套利交易，所以并没有为公司赚到钱,这份工作也在做了一段时间后无法维持下去。

乔治·索罗斯机警地察觉到,公司的领导对他的工作不是很满意,他在这家公司工作的时间不会太长了。因此,他主动透出了另觅他所之意,公司的领导也同意了。第三次在工作上遭受打击的乔治·索罗斯感慨世事无常,刚刚有起色的人生再次陷入了低谷。他越挫越勇,生活的屡次打压并没有消磨掉他的意志,反而令其更敢于直面人生的种种困惑。

乔治·索罗斯在辛格·弗利兰德公司的朋友梅尔很欣赏他,把索罗斯推荐到自己父亲的公司从事套利交易,梅尔的父亲在美国华尔街有一家经纪公司——梅尔经纪公司。乔治·索罗斯认为这是一个大好机会,况且辛格·弗利兰德公司已经同意他可以在同行内跳槽了,因此他决定到华尔街闯荡。在伦敦的三份工作都不甚理想,甚至在伦敦的生活都不尽如人意,不过在伦敦的经历却为乔治·索罗斯积累了早期的精神食粮,他在蓄积了充足的能量后振翅高飞,向充满诱惑的华尔街挺进!

对于这份工作,索罗斯开始并没有表现出天才的能力,但他在实际的工作中学到了很多东西,也使他对投资的兴趣越来越浓厚,领略到了投资的乐趣。慢慢地,他对投资越来越感兴趣,不仅是因为这一行可以为他带来进步的机会,更是因为他喜欢投资的感觉。

1956年,乔治·索罗斯拿到了签证,26岁的乔治·索罗斯带着从表哥那里借来的以及从套利交易中获取的5000美元分成向纽约出发了,这可算作乔治·索罗斯最初的资本。从这一刻起,乔治·索罗斯真正地踏上了一条"金光大道"。

第二章　初战华尔街

1. 牛刀初试

1956年6月，日后将在华尔街掀起巨浪的乔治·索罗斯横渡大西洋，怀揣着自己"早期的梦想"直奔华尔街，他对这个城市充满了期待，因为他的哥哥保罗也在纽约。

纽约的华尔街是一个极具诱惑力的地方，很多人从这里开始吸金、做大，财富从这里积聚。这里和欧洲不同，工作、生活都是快节奏。在生活很单调的20世纪50年代，像乔治·索罗斯这样的生意人，只能通过小心翼翼地研究，利用同一种股票在不同市场的微小差价，通过低价买进高价卖出来赢利。

索罗斯非常聪明，他发现那个年代的世界贸易网络没有形成，欧洲人大多数时候只和欧洲人打交道，美国人基本只和美国人做生意。他在伦敦生活9年，虽然没有给他的工作带来太多的效果，可是他发现可以在美国赚欧洲人的钱。他也决心用自己的实力证明自己的价值，尽快达成自己的梦想。"在20世纪60年代初，人们对欧洲证券市场一无所知，"索罗斯面带微笑，回忆说，"所以，我得以把我所想得到的利润寄希望于我所紧随的欧洲公司。这真是瞎子给盲人带路。"

梅尔经纪公司属于柜外交易商，并非纽约证券交易所的会员，乔治·索罗斯一进去，便从事欧洲证券的分析工作。虽然他在伦敦的工作记录并不出色，但对当时的美国来说，像他这样知晓欧洲金融市场的人简直可以被奉为"神灵"。乔治·索罗斯在梅尔经纪公司受到的"待遇"明显要高于在伦敦时期任何一家公司，这让他感慨万千。

乔治·索罗斯的好运终于来了。苏伊士运河是国际石油运输的重要航线，埃及宣布苏伊士运河收归国有，立刻引发了欧洲苏伊士运河的危机，最终危机变成了国与国之间的刀兵相见。冲突事件让运河运输受到阻碍，只能绕线航行，增加了运输成本。这时候乔治·索罗斯刚到梅尔经纪公司近1个月，从事的是黄金和石油的套利交易，冲突事件促使石油运输成本升高，他觉得机会来了，他决心要抓住这次机会，为自己的公司盈利，同时也证明自己。乔治·索罗斯马上联系了之前的英国同事，询问市场行情，打算在欧洲证券市场上寻找机会，而后取得出售股票的承诺。接着，他把这些准备出售的股票登在了华尔街的柜外交易行情表上，供华尔街的证券经纪商使用。这些证券经纪商会依据行情表的情况，通过电话为客户买入或者卖出。

投资市场上赚钱的人少，赔钱的人多，于是给大家带来的错觉是，这一少部分人都是投资方面的天才。可是事实上，这些成功的投资大师们取得的成功多数是靠着他们背后付出的极大的努力。投资成功的关键也不在于一个人的智商和天赋如何，而在于勤奋和把握市场的能力。欧洲和美国的时差为五六个小时，而行情又时刻发生着变化，所以索罗斯的生活也变得不规律起来，如果不能时刻紧跟变化，那么可以赚钱的消息可能就已经变成历史。乔治·索罗斯每每都是依靠在凌晨起床和纽约证券交易所开市前的1个小时来补充睡眠，其他时间一点也不敢耽搁。他不得不在每天凌晨4点多钟的时候打电话给电报员，那时伦敦是上午9点多钟，索罗斯就是用两地的时间差，对伦敦朋友发过来的信息进行细致分析，做出决策，在这样紧张的工作中，乔治·索罗斯过得极为充实，似乎24个小时都在忙碌。

1957年，乔治·索罗斯的父母远渡大西洋来到了纽约，来到两个儿子身边。索罗斯非常开心，终于可以一家人团聚了，可是他每天忙碌得连认识这个城市的时间都没有，甚至当他的父母打算到纽约与他和保罗相聚时他也抽不出时间去接。保罗将他们接到了住处。

后来，乔治·索罗斯搬到了曼哈顿的河滨大道，他将父母接到了自己的住处。那时的索罗斯生活还非常简单，父母睡在卧室里，而乔治·索罗斯则睡在沙发上，就这样过了3年。有人说那时的乔治·索罗斯生活窘困，其实他只是把心思都放在了工作上，他只是不希望把时间用在无谓的事情上，浪费精力。

此时的乔治·索罗斯在公司内小有名气了，他的锋芒也渐渐崭露，很多人已经开始关注这个犹太人。对乔治·索罗斯来说，这是一个不错的开端。

从苏伊士运河冲突开始到结束的几个月中，乔治·索罗斯以实际行动证明了自己，他为梅尔经纪公司创造了巨大的利益，也赢得了公司上下的好评。乔治·索罗斯表现得越来越好，梅尔经纪公司对他也越来越信任了，这让他在公司信任的前提下与同事科恩创造出了一种新的交易方式，称为"认股权凭证交易"。

20世纪50年代，认股权凭证的价值还没有被更多人发现，它在当时属于"冷门"。乔治·索罗斯能提早抓住这个机会，不得不说他在金融方面有极强的"天赋"和敏锐的嗅觉。对索罗斯来说，从伦敦到华尔街是一个飞跃，虽然此时的他并没有更大作为，但有利于自身发展的趋势已然出现。

认识到了认股权凭证的价值，债券和认股权分开交易成了可能，这让乔治·索罗斯有了更大的发展空间。在成功地做成了加拿大北班铀矿的交易后，乔治·索罗斯将重心放在了其他铀矿公司的认股权上，并以同样的方法开始操作石油、天然气等公司。

索罗斯认为，风险是什么？简单而言，风险即是不确定性。投资于自己不熟悉的领域，就把自己扔进了一个不确定性的境地。就像一个在沙漠中找不到水源的旅行者，干脆闭着眼睛走路，希望在某个时候睁开眼睛就发现一块绿洲,这显然是不现实的。如果自己无法把握，那么投资就沦为了赌博。

20世纪50年代的美国人根本瞧不起欧洲人，快节奏的美国人瞧不起欧洲人的拖沓。他们认为欧洲是靠美国的"马歇尔计划"扶植才能维持经济发展的。于是很多投资者对投资根本不感兴趣。但索罗斯并不这样认为，凭着他对英、美两国的了解，他觉得欧洲是个大市场，有很大的利润。果不其然，随着欧洲经济的复兴，欧洲的股价开始大幅上涨。当越来越多的美国人开始关注欧洲的时候，索罗斯已经先一步成了"行家"。

乔治·索罗斯对市场的判断并不是百分之百的精准，他也有失误的时候，失误是每一位投资大师都有过的遭遇。或者说，无论从事哪个行业，失误总是在所难免的。唯一能够做的，只能是在一次次磨炼中降低失误的次数。他在投资这一行业越走越顺，不断积累经验。

他真的找到了小时候的感觉，想起了小时候所说的："我感觉我是'救世主'。"虽然他还没有做到"拯救"更多的人，但是他已经有能力主宰自己了，华尔街的初绽头角让乔治·索罗斯获得了巨大的收益。他自己才是一只真正的"潜力股"。

2. 追逐成功

索罗斯说过："最重要的是人品。金融投机需要冒很大的风险，而不愿承担风险的人不适宜从事高风险的投机事业。任何从事冒险业务却不能面对后果的人，都不是投资好手。在团队里，投资风格可以完全不同，但人品一定要可靠。"

乔治·索罗斯有幸与很多大公司合作，并且让这些大公司成了自己的客户。因为走在了市场的前面，凭借操作认股权凭证交易，乔治·索罗斯与一些大证券商开始有了业务上的往来。当时著名的摩根士丹利公司成了乔治·索罗斯的固定客户，该公司的相关人员对乔治·索罗斯为他们公司做出的成绩给予了极大的肯定。这时的乔治·索罗斯深深地感觉到，他似乎慢慢地融进了华尔街，打入了华尔街的核心了。他的手里，有至少20家华尔街的大证券商的资料，这些证券商相信乔治·索罗斯。

当史培利·兰德公司准备发行认股权债券时，乔治·索罗斯察觉到这是一次很好的机会，一定能赚大钱。可是梅尔经纪公司的实力有限，因此乔治·索罗斯联手大证券商贝尔·史蒂恩斯公司的执行长格林伯格，准备联手销售债券。格林伯格与乔治·索罗斯年纪都只有28岁，但他掌控着贝尔·史蒂恩斯公司的套利部门。

格林伯格是对乔治·索罗斯的想法很有兴趣，两人联手买下了大量的史培利·兰德公司发行的认股权债券。卖给他们债券的交易员根本不了解认股权是什么，他们只知道操作债券，所以以较低的价格卖给了乔治·索罗斯和格林伯格大部分债券。这次交易让梅尔经纪公司和贝尔·史蒂恩斯公司都获得了高额利润，索罗斯功不可没。格林伯格开始信任乔治·索罗斯的眼光和能力了，时常会与乔治·索罗斯联系，与其沟通自己的想法，一旦发现有好的交易，他与乔治·索罗斯再次合作。

有了格林伯格的支持，乔治·索罗斯得以在随后的时间里做了几桩更大的交易，这让他的名声在业内迅速地传播开来。索罗斯在苏伊士运河和加拿大北班铀矿的交易中为梅尔经纪公司创造了巨大的利润，但事实上，他并没有赢得梅尔经纪公司充分的信任，这也是乔治·索罗斯只能"假手于人"的原因。年轻的格林伯格的购买力很强，没有庞大的资本供他运作，格林伯格是创造不出奇迹的。在套利交易上的一次次成功让乔治·索罗斯觉得，梅尔经纪公司已经不能适应他的发展了。乔治·索罗斯决定离开，去找寻更适合自己发展的空间。不久，他来到了威特海姆公司，这家公司的资产要比梅尔经纪公司雄厚，规模也比梅尔经纪公司大。更重要的一点是，这家公司是纽约证券交易所的会员，这说明乔治·索罗斯再也不必通过外部的证券商进行交易了，他可以在本公司直接操作。事业上的步步顺利让乔治·索罗斯觉得自己终于找对了方向，接下来要做的就是大步向前走，走在世界的前沿。

29岁的乔治·索罗斯，在威特海姆公司担任交易部门主管的助理。这家公司是当时少数经营海外业务的美国公司之一，对欧洲的业务自然包括在公司的业务范畴内。乔治·索罗斯明白，这是自己在新公司树立形象的机会，也是自己在华尔街履历上再添显耀一笔的机会。

乔治·索罗斯在投资时并不跟风，他喜欢独立思考，威特海姆公司的实力让乔治·索罗斯如鱼得水，他为威特海姆公司赚到的第一桶金来自于欧洲的德利银行，这家银行的股票被严重地低估。"在60年代初，人们对欧洲证券市场一无所知，"索罗斯面带微笑，回忆说，"所以，我得以把我所想得到的利润寄希望于我所紧随的欧洲公司。"

乔治·索罗斯在投资之前，一般会有针对性地实地考察，或者说是深度挖掘一只股票的潜在价值，对于那些不被市场上的投资者看好的股票，他多会查找出原因。德利银行股票的潜在价值是乔治·索罗斯实地考察后挖掘出来的。在乔治·索罗斯的建议下，威特海姆公司购买了大量德利银行的股票，而最终的结果印证了乔治·索罗斯的建议，威特海姆公司稳赚了一笔。这是乔治·索罗斯在威特海姆公司立下的第一件功劳，也为他得到公司的信任奠定了基础。

1960年，乔治·索罗斯的身份发生了变化，他是一个套利交易员，同时还成了分析师、业务员。忙碌的生活让他觉得充实而充满激情，因为在德利银行的交易中为威特海姆公司创造了高额利润，公司对他可谓"刮目相待"，对他的约束也越来越少，这让他更能放开手脚做自己想做的事情。

在业内知名度越来越高，让乔治·索罗斯很快赢得了更多的客户，摩根银行、德瑞福斯基金，这是当时乔治·索罗斯最大的两个客户。而赢得这两个客户的前提，是他们对乔治·索罗斯的信赖，索罗斯敏锐的投资触角和他的业绩，让他为他们赚了更多的钱。

事业渐渐成功的乔治·索罗斯每天依然在忙碌着，对于家庭，乔治·索罗斯多少有些愧疚感，他为了工作忽视了每一个家庭成员。

3. 幸福的家庭

1959年—1960年期间，索罗斯越来越成功了，可是他少了许多快乐，他个人生活方面还是显得有些孤独，也许是他的生活圈子太窄，他很少有其他的爱好。为了打发时间，更为了不让自己"显得"孤寂，他时常会到康涅狄格州看望哥哥和嫂子，也会抽出相应的时间到长岛与匈牙利裔的朋友相聚。也就是在这期间，他认识了一个美丽的女子，就是他的第一任妻子。

乔治·索罗斯的第一任妻子是一位德裔姑娘，叫作安娜丽丝，她为乔治·索罗斯生育了3个孩子。安娜丽丝于1959年与乔治·索罗斯相遇，她居住在紧邻乔治·索罗斯所居住的南安普顿长岛的科古。那年夏天，乔治·索罗斯在南安普顿海滨租了一间海滩别墅，这幢别墅在平时归乔治·索罗斯的父母使用，而到了周末，乔治·索罗斯便会带着安娜丽丝到那里。同一年，乔治·索罗斯买了一部庞蒂亚克汽车，终于过上了让人羡慕的富人生活。

两年后，乔治·索罗斯迎来了他生命中最幸福的一年——他拿到了美国绿卡，成为真正的美国公民，同时，他和女友安娜丽丝结婚了。之后，乔治·索罗斯在南安普顿买下了3英亩土地，盖了一幢别墅。这幢别墅只是他们的一个度假屋，他们平时住在另一个公寓里。生活越来越幸福，越来越安逸了，他暂时忘记了一切烦恼，因为家庭就是一个幸福的港湾。

乔治·索罗斯的日子一天比一天好，父亲犹华达来到美国后却不开心。1957年，当犹华达夫妇到了美国与乔治·索罗斯和保罗会合后，宝刀未老的犹华达也想有自己的事业。他开设了一间咖啡馆。然而，这家小店生意不好倒闭了。显然美国并不适合犹华达，最后他患上了癌症，这让索罗斯痛苦无比。因为父亲一直是让索罗斯非常佩服的人，那个在他小时候对他鼓励、爱护的人，那个可以在苦难中生存的人竟然无法在和平的环境中生活，这是一件多么残忍的事情，他找了医生为父亲治疗。

与父亲对美国的不适应相比，母亲伊丽莎白却生活得非常开心。她是一个很会陶冶情操的人，英语非常好，她时常会去博物馆，或者去看望流亡到美国的艺术家。她在大学注册，而后成为大学的学生，学习宗教、心理学和艺术方面的课程。

1961年1月，约翰·肯尼迪成为新一任总统。乔治·索罗斯觉得，他的上任一定会有自己期望的好事发生。然而，乔治·索罗斯很快就要为自己的这个期望画上句号，约翰·肯尼迪一上任便修改了利润平衡税，其中主要针对的便是美国投资者购买外国股票方面。

这项改革对在这方面极有优势的乔治·索罗斯来说无异于一颗重磅炸弹，顷刻间将他的希冀炸得粉碎。不过，这并不能消磨掉乔治·索罗斯的斗志，也不足以让他无用武之地。乔治·索罗斯依旧在威特海姆公司供职，似乎在与"政府"做斗争。

因为有政府政策的束缚，乔治·索罗斯"被迫"思考自己最终出路——到底是专心做一个投资者，还是回到伦敦潜心研究哲学？

如果问那一时期乔治·索罗斯更喜欢什么，毫无疑问，仍旧是哲学，这促使他能够思考人生的基本问题。在随后的一段时间里，乔治·索罗斯"重操旧业"，将早年写下的《意识的重负》这本书修改了一番。

不过，日久天长，乔治·索罗斯难以维持在初写这本书时具有的思维，或者说他理不出写这本书时自己的思绪。这种困惑常常让乔治·索罗斯夜不能寐，但他不愿轻易放弃。

1963年，乔治·索罗斯的长子罗伯特出生，两年后，二儿子安德鲁出生。索罗斯的家中人丁兴旺起来，可是乔治·索罗斯还是对生意更感兴趣，他每天仍然要超时工作。很多人都说他是工作狂。

他喜欢独处，或者说他不喜欢交际，闲下来的时候会感觉到一丝孤独。有时候，他会打打网球、游游泳，还会参加网球俱乐部，强健的体魄是他应对紧张、忙碌工作的一种保障。

乔治·索罗斯不允许自己失败，"然而一旦交易失败他通常会将责任推给别人。"一位不愿透露自己姓名的乔治·索罗斯的同事如是说。每个人都有缺点，大师也不例外，不过乔治·索罗斯这位大师在真正成名之前仍旧会犯下普通人常犯的错误，他要成名，不愿意承认失败的投资出自自己之手。

这一时期的乔治·索罗斯，但人生方向已经慢慢确定。初到华尔街之时，他曾定下了"5年计划"，希望在5年中积攒50万美元后重回伦敦研究他的哲学。不过此时，乔治·索罗斯已经将成为哲学家当成了"终极"梦想，他在现实中的表现让他觉得他更热衷于用一次次成功的交易证明自己理论的正确性，这恐怕远比"没有根据"地著书更实际。他没有放弃哲学梦想，但他更希望用巨大的成功来为自己的生存哲学加分，他期望在华尔街这块机会与挑战并存的土地上大展拳脚。

4. 成功运作第一老鹰基金

乔治·索罗斯在刚刚踏上投资之路时并不顺利，但他对这个行业表现出了极大的热情。他的这种热情从来"消失"，他发现，他的"抽象思维很有用"，甚至于看到数字就会有感觉，能感觉出"市场的变化"。随着这种变化的升级，乔治·索罗斯的反身性理论和盛衰理论便慢慢出现了。

1960年，德国安联保险公司的股票一度下滑，业内多数人士并不看好。

在乔治·索罗斯的建议下，摩根银行和德瑞福斯基金购买了相当数量的安联保险公司的股票。像处理德利银行资料时一样，乔治·索罗斯首先对这家公司进行了全面地考察，而后根据实际情况写出了相应的报告，同时将这些报告拿给客户看，让他们知道相信自己会得到什么。

果然，事情的发展正如乔治·索罗斯的分析，德国安联保险公司的股票价值不久就翻了3倍，摩根银行和德瑞福斯基金获利颇丰。德国安联保险公司的情况与当时的德利银行十分相像，股票价格虽然极低，但其有上涨的房地产投资价格，这与市场上股票的价格截然相反。

这次投资，使乔治·索罗斯在华尔街声名显赫，成为一个名人。屡次的成功投资，让名声响亮的乔治·索罗斯在一定范围内可以用自己的名声做交易了，成为很多投资公司的信任对象。有一次，他看中了一家保险公司——德国安恒·慕尼黑集团，这家公司与德国安联保险公司一样，市面股价的价值只等于其实际资产的几分之一。乔治·索罗斯找到了摩根银行的相关人员，向他们推销这家公司，并表示不久便会将分析报告写出来。出乎乔治·索罗斯的意料，摩根银行的重要主管凯斯表示，索罗斯不用再拿出分析报告了，摩根银行会直接买进。乔治·索罗斯博得了客户充分的信任，这完全得益于他在投资上的"不败纪录"。

1963年，乔治·索罗斯进入了一家经营外国证券贸易的美国公司——阿诺德·莱希罗德公司。这家公司成立于19世纪，主要操作外国证券方面的交易，是经营外国证券业务的领先机构。阿诺德·莱希罗德公司对他来说极为合适。乔治·索罗斯一开始被雇佣为分析员，雇主是史蒂芬·凯伦。史蒂芬·凯伦十分欣赏乔治·索罗斯，乔治·索罗斯除了拥有外国证券交易的业务技能外，更了解欧洲的公司，这让他在工作中表现突出。

4年后，乔治·索罗斯被阿诺德·莱希罗德公司升职为研究部主管，他是公司不可或缺的顶梁柱。在阿诺德·莱希罗德公司取得的成绩让乔治·索罗斯觉得，他应该改变一种"投资"方式，不能单纯地永远靠着老套的投资方式来生存。很快，他发明了一种新的方式，一种"16个格子"的方式。

乔治·索罗斯独创的这种"模范账户投资模式"便是随后诞生的"第一老鹰基金"的前身。"第一老鹰基金"的建立，乔治·索罗斯功不可没，这是他极力建议的结果。阿诺德·莱希罗德公司的老板鉴于乔治·索罗斯的种种表现，再加上他的"模范账户投资模式"收效甚好，因此才同意建立了这个基金，这是索罗斯投资生涯的开始，也是至关重要的一步。

第一老鹰基金总资本为300万美元，作为经理人的乔治·索罗斯也将自己的钱放在了基金中，他的父亲犹华达也"象征性"地将自己的钱投在了其中。随后，第一老鹰基金在精明的乔治·索罗斯的运作下，如奔驰在草原上的烈马一般，规模迅速地扩大。

第一老鹰基金的成功运作，彰显了乔治·索罗斯的能力，亚瑟·勒纳在1969年成为乔治·索罗斯的助理，帮助他经营基金。他原在一家银行工作，因为非常钦佩索罗斯所以和他合作很多年。

很多人都怕索罗斯，他们说工作中的乔治·索罗斯让人感觉一直都处在紧张当中，而且他说话时总会用一些极其复杂的词句，亚瑟·勒纳甚至怀疑办公室里的其他同事要通过字典才能明白乔治·索罗斯要表达的意思。亚瑟·勒纳进入阿诺德·莱希罗德公司不久，便应乔治·索罗斯的要求读了他真正意义上的第一本书《金融炼金术》。在读这本书时亚瑟·勒纳的感觉是"我几乎一个字也看不懂"。与乔治·索罗斯共事的亚瑟·勒纳曾说："乔治是一个对全球事务都很了解的人，他觉得人的思维不能有狭隘性，你必须了解一个地区发生的事情会对其他地区造成什么样的影响……"有了对整体形势的判断，乔治·索罗斯绝非一个目光短浅之人，如果是那样的话，那么他只能算是一个在欧洲拼命赚钱的一般投资者，而不会成为一个杰出的投资大师。亚瑟·勒纳曾这样评价索罗斯："他很早就懂得进行全球思考，他精通全球事务的能力令人折服。一旦A点发生某件事情，他能很快理解其中的内涵，并马上把你带到B点的结果上。"

思维敏捷的人有时候无法用语言表达出自己的想法，乔治·索罗斯就是这样的一个人。这时的乔治·索罗斯已经开始反复在实战中运用他的"反身性"理论了，虽然应用效果较好，但落到纸上后并不显得明了。

　　乔治·索罗斯自1956年踏上美国的土地到成立第一老鹰基金，这其中他取得的成绩一目了然，但倾注在其中的心血恐怕只有他一人知晓。1968年对于乔治·索罗斯来说犹似"流年"，在这一年，早期检查出患有癌症的父亲犹华达病情恶化，死于76岁。这个教会乔治·索罗斯"生存"的人的离开，给他带来了巨大的打击。日后回忆起这段往事时乔治·索罗斯说："身在市场中，你就要准备忍受痛苦。"当然，他所说的这种"痛苦"不局限于不能在父亲最后的日子里陪伴在他身边。

　　获得大收益前需要的是大投资，第一老鹰基金无疑成为乔治·索罗斯的财力后盾，让他拥有充足的资金，在进行每一笔投资前都底气十足，而投资的收益又使得基金的规模不断扩大，"索罗斯帝国"便在这种良性循环中诞生了。当然，他的付出得到了成倍的回报，在第一老鹰基金的"庇护"下，乔治·索罗斯也如一只雄鹰一般，傲视华尔街。

第三章　寻「金」之旅

1. 双鹰基金

乔治·索罗斯是一个不愿按照规则办事的人，他喜欢变化——这也正是市场的属性，所以他才能多次把准市场的脉搏，走在市场的前面。他在阿诺德·莱希罗德公司建立了第一老鹰基金之后又于1969年建立了第二个基金——双鹰基金，这个基金在检验乔治·索罗斯钟情的理论之时，也为其名声的再扩大立下了功劳。

乔治·索罗斯善于将政治与金融市场联系起来，这很关键。经济基础决定上层建筑，一个国家的经济情况可以看作是政治局面的一种表现形式。

乔治·索罗斯所在的阿诺德·莱希罗德公司建立了第二个基金，总资本为400万美元。这个基金与第一老鹰基金不同，它是避险基金，又称对冲基金，而第一老鹰基金是共同基金。对冲基金意为"风险对冲过的基金"，简单来说，就是风险被最小化，因而也叫避险基金。

世界上第一个对冲基金成立于1949年，当时建立的对冲基金属于有限合作制，开创了一种全新的方式，即在同一个产业中，用不同公司股票的多头与空头仓位互相抵消的方法盈利。这种基金的运作宗旨在于，利用期货、期权等金融工具对有关联的不同股票进行买空卖空，即同时做空、做多，这样一来，就能避开整个行业因市场变换而带来的风险，以便从相应的公司中获取利益。

对冲基金与一般的基金不同，它并不是一种分散投资的集散地，如果这样投资的话，那么在抓住一个绝佳机会后，基金的经理人很快便会失去更多利益，或者说，"煮熟的鸭子都会飞走"。这个基金的建立，标志着乔治·索罗斯可以有更大的自由发挥的空间了，这也是"索罗斯式"投资方式形成的开始。

对冲基金之所以能发展得越来越好，却没有更多的人能够驾驭它，一个主要原因在于它不是一般的投资法可以俘虏的，它有着特殊的不可预期性。如果想在短期内让这种基金带来更大的收益，那绝对是异想天开。能够准确地拿捏市场情况的人才能将对冲基金本身的优势发挥出来，而这其中，对对冲基金运作人的要求是极高的。信任市场的人是不会获取更多的利润的——这是乔治·索罗斯的黄金搭档吉姆·罗杰斯深信不疑的。因此，乔治·索罗斯能够将对冲基金——日后他建立的"量子基金"运作得"出神入化"，是有深刻原因的。乔治·索罗斯说："在这其中，几乎没有任何限制，你可以做多，也可以做空……"他说这些话时，表现得就像一个要得到最喜欢的玩具的孩子一般，让人能感觉到他的那份激情。

运作对冲基金，一般可分为两种方式。第一便是放空，即先借后还。第二是财务杠杆操作，即借钱进行交易。

第一种形式，在估计一种股票将要下跌时，放空多会赚钱，但如果预估的股票没有下跌又如何？如果预估股票下跌，那么借钱——第二种方式——来购进预估下跌的股票，这时如果市场股票指数真的下跌了，那么毫无疑问，必定会盈利。同时，股票部分因股价已经被低估，理论上下跌幅度不会大于市场指数。如果市场指数上升，那么预估股票下跌者便会损失，这时预估股票下跌者手中的股票价值一般会比市场指数上升得多，所以算起来依然有利润。可以说这种对冲基金只要运作得平稳，基本上不会亏损。在乔治·索罗斯看来，对冲基金对他造成致命吸引力的一个方面便是自主性，市场总会偏向一边，或者另一边，市场可以影响市场所预期的世界。

量子基金的前身是"双鹰基金"，1969年创立时，资本额只有400万美元。1973年更名为"索罗斯基金"，资本规模扩大到约1200万美元。其实，在这1200万美元中，属于索罗斯的个人资金非常少，大部分是从其他股东那里借入的资本。但每次成交后，作为团队管理的索罗斯和罗杰斯能分到利润的20%。他们两个人不断地把应得的利润投资在基金里，作为他们的股份，这样他们就可以获得跟其他股东一样的投资报酬率，再加上他们每年分得的利润的20%，几年后，他们在基金里的持股比率持续增高，最后成为最大的股东。

乔治·索罗斯作为一个美国公民，在美国金融市场上打拼多年，自然对大局势有一个定位，再加上在欧洲的背景，他对世界金融市场的分析往往也鞭辟入里。

当1969年乔治·索罗斯开始运作双鹰基金的时候，世界范围内对这种投资形式感兴趣的人并不多，可以说乔治·索罗斯从一开始便走在市场趋势的前端，这也是他在日后的投资中总能提前6个月甚至18个月进行操作的一个原因——他似乎养成了走在别人前面的习惯。这种习惯让乔治·索罗斯看起来无所不能，从这个角度看，乔治·索罗斯或许可以被称为"对冲基金之神"。因为走在了前面，到20世纪90年代金融市场发生巨大变化之时，乔治·索罗斯理所当然地成了众人顶礼膜拜的对象，别人对他的评论就是——华尔街之神。或者可以说乔治·索罗斯早期的经验使他在新经济时代成了佼佼者。

在双鹰基金中，乔治·索罗斯可以用股票和债券作为担保品，购买任何数量的金融工具，这种"自由性"是乔治·索罗斯感兴趣的。他在双鹰基金中投入了25万美元，但不久，乔治·索罗斯那些有钱的欧洲客户就在其中注入了600万美元。从某种意义上讲，双鹰基金的建立是乔治·索罗斯真正发迹的开始，而与吉姆·罗杰斯的合作，称得上是其历史性的飞跃。

索罗斯是一个善于利用资源的人。他洞悉客户的心理，知道如何去打动他们，投资者不能只是游说客户把钱投到你的基金中，而自己却不敢大胆投资自己的基金。如果这样，客户们必然会感到疑惑，怀疑其中会有什么玄机，猜测这个基金是不是可靠。量子基金的客户不会有任何担心，索罗斯没有让他们感到困惑，他自己就是基金最大的持有者。

索罗斯认为，投资者的思想必须全球化，他一直放眼未来，积极地去挖掘世界上每一个热点事件，从中去寻找商机。不管是国内还是国外，他都会尽收眼里，当他的国内业务蒸蒸日上时，他并没有忘记对国外市场进行投资。他时刻关注各个国家推行的经济政策，并试图从中发现商机。索罗斯从不将视线拘泥于国内错综复杂的关系上，他要做的是把握全局，构建出宏伟的蓝图，并将其转化为现实。

2. 最佳拍档

每个人都离不开伙伴，乔治·索罗斯也一样。随着梦想的慢慢实现，乔治·索罗斯发现，他一个人已经不能适应如此繁忙的业务，压力让他感觉有点喘不过气。身兼数职的乔治·索罗斯从经纪人到证券分析师，从投资顾问到基金经理人，这些职位他虽然都能胜任，但毕竟有限的精力让他不能像机器一样运转。他知道健康的重要性，他需要帮手结束自己这种多面手的现状。

他寻觅了很久，终于遇到了和他同处一个时代的另一个投资界的"天才级"人物，他的出现无疑给乔治·索罗斯注射了一只强心剂，他就是——吉姆·罗杰斯，乔治·索罗斯的投资生涯也因吉姆·罗杰斯而发生了重大的转折。

吉姆·罗杰斯出生在美国亚拉巴马州的一个偏僻的乡村，没有金融行业的背景，祖祖辈辈中没有一个人从事金融。他的父亲是一个工厂中的普通工程师，虽然没有遗传基因和良好的背景，但这丝毫没有影响他成为一个与众不同的人。

1964年，吉姆·罗杰斯毕业于耶鲁大学历史系，应聘多明尼克公司，从事证券工作。很多同学和外人感觉有点不可思议，作为一个历史系的学生，他应该做一名令人羡慕的大学教师或者开设自己的培训班，可是吉姆·罗杰斯异常喜欢投资。

有人问吉姆·罗杰斯为什么喜欢投资，他说："对于投资，当时也没有过多的概念，只知道这是一个不需要投入很多钱的行业，而且那时候我也没有钱，但只要足够聪明，了解时事，这就足够了。我对时事是非常感兴趣的，也很喜欢读书，从事这个行业我可以做任何自己想做的事情，同时会有人付钱请我去做，这是我遇过的最好的事情。"

1964年，吉姆·罗杰斯到牛津大学学习，这时的他继续着此前在多明尼克公司做投资的兴趣。因为了解了一些欧洲金融方面的事情，所以成绩优异而拿到牛津大学奖学金的吉姆·罗杰斯将钱用在了投资上，收入也非常丰厚。与乔治·索罗斯一样，初次在投资上尝到甜头的吉姆·罗杰斯并不想止步于此，他决定将它作为自己的事业，一步步走下去。

1966年，在牛津大学完成学业的吉姆·罗杰斯继续着自己的投资事业，并于两年后就职于华尔街的贝奇公司，起初担任初级分析师。在贝奇公司工作成了吉姆·罗杰斯飞跃的一个开端，因为他遇到了乔治·索罗斯。在贝奇公司，吉姆·罗杰斯负责的是广告业务股票和工具机类股票。他在此期间精准分析，判断股市会下跌，因此他投入了一部分资金在股票上。最后的结果印证了他早期的判断，股市果然下跌，很多金融机构相继破产，而他的资本顷刻翻了3倍。

为索罗斯工作的人员，都是一些有独到见地、有出色分析力的人才，必须在工作中交出一张有盈利的成绩表。不能只会空口讲投资，要实实在在地为公司和客户赚到钱。当然，光有出色的投资成绩也是不够的，人品怎么样也是索罗斯用人的重要标准。

股市永远危机四伏，1968年8月再次进入股市的吉姆·罗杰斯认定了自己的判断，再赌股市下跌。他加大了投资，把所有的资本都投入进去，可这时股市却破天荒地上涨了，这下吉姆·罗杰斯乱了方寸，最后只能斩仓。后来吉姆·罗杰斯回忆这段往事时说："当时我的账户里一分钱都没有了，甚至穷得只能把摩托车卖掉。"这次失败的投资经历让吉姆·罗杰斯顿时如梦初醒，最后他发觉，连他自己都不知道自己在做什么，他对股市并不真正地了解，或者说对投资的理解过于浅显，根本没有任何实际的研究做支撑。

自从在预测股市下跌中损失惨重后，吉姆·罗杰斯重新审视了自己。他认为，投资人一定要有自己的想法，不要按照别人的指示去做，即不信任股市上的"羊群效应"，要对投资之道有自己的体会。他说："我可以保证，市场永远是错的。"他经过此事记住了一个教训，觉得不管什么时候，保持胜利的方法唯有保持冷静。这与乔治·索罗斯的观点不谋而合，客观对待自己。

吉姆·罗杰斯与乔治·索罗斯终于见面了。那时，吉姆·罗杰斯仍旧在贝奇公司工作，乔治·索罗斯也仍在阿诺德·莱希罗德公司。从吉姆·罗杰斯的身上似乎可以看到乔治·索罗斯自己的某些特质，这也是乔治·索罗斯将其选为自己搭档的一个原因。在乔治·索罗斯的眼中，吉姆·罗杰斯是一个足智多谋而又冷静沉着的人，他往往有自己独到的见解，喜欢独立思考，而后做出对自己最有利的决定。更重要的是，两人"英雄惜英雄"，都被对方身上的某些常人不具备的闪光点吸引了。

乔治·索罗斯和吉姆·罗杰斯有着诸多相同之处，他们都是极为勤奋之人，对投资充满热情。他们很多观点非常相似，所以两人可以在投资上做出很多相同的决策。但两个人也有不同之处，相比之下吉姆·罗杰斯要更幽默风趣一些，他更加谦虚且热爱生活，他总是会重申"投资并不是投机"，这大概是他在那次失败的投资中得到的结论。

索罗斯认为，一个人的人品决定着他的成就。一个人无论从事什么样的职业，都需要优秀的人品。作为投资者如果没有好的人品，就无法经受市场大风大雨的考验，也无法成为一个优秀的投资人。吉姆·罗杰斯不论在学术上还是在市场评论上都有自己的观点，"股神"沃伦·巴菲特就把吉姆·罗杰斯当作老师，他说在吉姆·罗杰斯的身上学到了很多。从1970年到1980年的10年间，乔治·索罗斯和吉姆·罗杰斯堪称华尔街最闪耀的组合，他们一起经历风雨，一起创造奇迹，被誉为华尔街"黄金搭档"，轰动全球。

两个黄金搭档的见面，注定了金融市场必将迎来血雨腥风。在这股浪潮中，获利的不仅仅是他们两个人，他们是市场中的"主宰"。

3. 建立自己的帝国

乔治·索罗斯和吉姆·罗杰斯联手之后，事业一帆风顺，他们一同在阿诺德·莱希罗德公司中管理双鹰基金，结束了他以前一人多职的繁重工作状态。

乔治·索罗斯在阿诺德·莱希罗德公司管理第一老鹰基金和双鹰基金时，眼光敏锐，曾经预言过新兴的房地产信托证券。在他看来，房地产信托证券完全符合"盛衰"形态。现在整个股票市场一片繁荣，精明的投资者一定会大范围跟进，接着就会出现繁荣景象，当众多投资者拿着热钱大范围投入的时候，热度就会慢慢消退，整个房地产就又会降温。

有了这样的推测，乔治·索罗斯便着手准备，投入了巨额资金，并时刻关注着房地产证券市场的变化。在最后一幕开始的时候，乔治·索罗斯全面斩仓，抛空了所有的证券，最终狠赚了一笔。

这次房地产证券上的战绩让他在阿诺德·莱希罗德公司内的地位得到提升，为公司和双鹰基金都获得了巨大收益。他在阿诺德·莱希罗德公司工作得十分愉快。在乔治·索罗斯的经营下，双鹰基金建立之初总资本由400万美元，变成5年后的2000万美元。老板待他也不同于他人，可这不是乔治·索罗斯最终想要的，他想到了自立门户，因为他不想在自己疯狂为公司赚钱的时候只拿到一部分佣金而已。乔治·索罗斯是对的，没有他的离开，便没有日后的量子基金，而没有量子基金，金融市场上便少了一位真正的投资大师。

在索罗斯的成功案例中不能不提"雅芳"一役。"雅芳股"一役不但证明了索罗斯对市场的看法，更证实了市场不但不是永远有效，反而是错的，就是索罗斯的观点，市场永远是错的。

雅芳公司是美国一家著名的化妆品传销公司。那时候雅芳的股票并没有出现大跌的迹象，而且每年的业绩也都不错，银行的股市分析员也不认为基础如此深厚的一家大公司会面临什么业绩上的问题。如果市场是对的，那么雅芳的股票就不会跌。可是，索罗斯通过自己的判断坚持与市场相反的见解。

索罗斯对雅芳的股票进行了非常深入的分析。他看到美国人对于化妆品的消费模式有了变化，接受雅芳旧式传销业务的那一代女性已经年华老去，成了家庭主妇，同时她们接受的教育也不高，主要以家庭为重。这和后来美国普遍接受高等教育的年轻女性有着重要的差别。按照索罗斯预计，随着时间的变动，在雅芳没有找出改革的路之前，其股票的价格必然会经历暴跌。

于是，索罗斯拒绝"市场是对的"的立场，决定趁雅芳的股价还高的时候，大手笔进行做空。当时每股的价格是120美元，索罗斯一共卖了10000股。结果，两年之后，当雅芳的股票每股跌到仅剩20美元的时候，他才买回。他每股赚到了100美元。

乔治·索罗斯那时变得极为富有，这并不能让他满足。他不想只是把自己当作赚钱工具，他需要事业上的成功。

离开了阿诺德·莱希罗德公司，离开了双鹰基金后，乔治·索罗斯与吉姆·罗杰斯这对黄金搭档带着两个秘书自立门户了。他们分工明确，乔治·索罗斯曾经调侃说："我是负责发号施令的，吉姆·罗杰斯负责具体的工作，我是执行长官，而他是专门做研究工作的。"在一般情况下，乔治·索罗斯总会在大的方面思考，他会从整体经济方面着眼，而吉姆·罗杰斯注重的是从小趋势中寻找机会，专注于研究某个具体的产业或者公司。乔治·索罗斯会花费大量的时间与各地的消息人士接触，而吉姆·罗杰斯则会着重研究他在办公室中超过50种的产业杂志。

双鹰基金2000万美元资本中的1300万美元资本归于索罗斯基金，大部分投资者还是极其信任乔治·索罗斯的。阿诺德·莱希罗德公司没有了基金的总管理人，客户也在渐渐地流失。双鹰基金的受益人可以做出两个选择，第一是继续将自己的资金和获取的红利留在双鹰基金中，第二是随着"黄金经理人"乔治·索罗斯一起离开，把资金转到乔治·索罗斯新成立的索罗斯基金中。

索罗斯基金成立1年后，加上一些新的投资者在其中投入的资金，索罗斯基金的资本已经达到了1800万美元。在乔治·索罗斯和吉姆·罗杰斯的运营下，索罗斯基金的发展越来越好，原本把钱放在双鹰基金的一部分人也开始陆续把钱转到索罗斯基金中。

索罗斯非常重视人际关系。依照市场运作的精神，最好的就是绝对公平，人人都有机会获得相同的信息，并且通过这些信息制定投资策略。然而，世界上总有一些人比绝大多数人能够优先获得某些信息，甚至掌握一些以后也不会公开的信息。于是他们就比其他人占有更大的优势，索罗斯就是这样的人。在日后的投资中，他也是如此，利润的获取和他广交人脉有着不可分割的关系。只要有机会，索罗斯就会出入上流社会人物经常出没的地方，与这些当权派、实力派人物打交道。索罗斯认为，政治和经济的关系非常密切，彼此之间有极深的互动关系。

乔治·索罗斯和吉姆·罗杰斯创办的索罗斯基金位于纽约可以鸟瞰中央公园的三间房子里，这是一个远离金融中心华尔街的地方。那时很多人都很奇怪，对投资兴趣极浓的两个人缘何将根据地建立在远离"战场"的后方？

其实，只要眼光永远在前方，办公场在后方又如何？

他们的办公室很小，但气氛十分融洽，公司规定职员可以穿着网球鞋上班，甚至吉姆·罗杰斯本人也会骑着自行车上班，乔治·索罗斯和吉姆·罗杰斯极其希望将公司的气氛一直保持下去。

索罗斯说过："我并不觉得自己聪明，但我确实非常、非常、非常勤奋地工作。如果你能非常努力地工作，也很热爱自己的工作，就有成功的可能。"索罗斯在接受记者采访时，很自豪地承认，他自己是一位杰出的分析师，特别勤劳，一个人可以做6个人的工作。

在职员眼中，这两个老板似乎是公司最忙碌的人，他们让员工心态放松，可是他们每周的工作在80个小时左右。同时他们还订阅了30多种商业周刊，收集了超过1500家美国和其他国家公司的财务记录，他们总是在全球寻找赚钱的商机。他们目标明确，在各自不同的领域发挥优势，他们的目标不是局限在索罗斯基金，而是以索罗斯基金为基石，建造自己的帝国大厦，构筑属于他们的金融帝国。

第四章　狙击战的『武器』

1. 量子基金时代

有时候，市场就像一个有着无穷吸引力的魔鬼，很多人抵不住它的诱惑，最后只能按照它的意志行事。而一个成功的投资者，他们是在利用市场，不是被市场利用。

索罗斯基金成立之时，加上乔治·索罗斯和吉姆·罗杰斯在内只有4个人，在20世纪70年代到80年代金融市场压力不断提高的情况下，公司也未曾超过8个人。形成这种局面的一个原因或许是当时运作基金真的不需要太多人手，另一个原因便在于吉姆·罗杰斯的出色表现——他一个人的工作量相当于几个人的，可以说有这样的合作伙伴是索罗斯的幸运。

不过，这种局面并没有维持太久。乔治·索罗斯在1978年与吉姆·罗杰斯达成了协议，决定将两个人的整体合作分成两个阶段。第一阶段由吉姆·罗杰斯领导，乔治·索罗斯不参与，第二阶段由乔治·索罗斯领导，吉姆·罗杰斯不参与，第一阶段止于1979年。

乔治·索罗斯在阿诺德·莱希罗德公司所组建的第一老鹰基金属于共同基金，而双鹰基金则属于对冲基金。在乔治·索罗斯看来，共同基金与对冲基金最显著的差别便是"自主性"，这是乔治·索罗斯最看重对冲基金的地方。

相对于一般的基金来说，量子基金更像是一种绩效基金，如果想获得更多的报酬，只能使得操作利润的一部分增加。操作利润的部分越大，之后获得的报酬便越大。投资者与基金的关系不是信托责任关系，而是合作伙伴的关系。量子基金在计算利润时，依据的不是指数，而是绝对值。

基金的增长率越高，经理人在其中所占的股份便越高。这便是乔治·索罗斯成为量子基金最大的股东的原因，他将收益全部存放在基金当中。

单从名字上看，乔治·索罗斯在阿诺德·莱希罗德公司所创立的第一老鹰基金和双鹰基金极具"帝国主义的阶级意识"，而当他把索罗斯基金更名为量子基金后，这种意识便不存在了。他之所以将基金命名为量子，还有一个原因。乔治·索罗斯希望量子基金能像"量子"一样，呈现跳跃式的增长，这是乔治·索罗斯对量子基金的美好心愿。

对于避险，乔治·索罗斯和吉姆·罗杰斯有自己的方式。他们不相信那些分析师指出的科学计量统计方法，虽然这些方法是以有效市场理论为基础的，且99%会有效，但乔治·索罗斯更关心那1%。同时，以市场为基础衍生的理论与乔治·索罗斯的反身性理论有"根本性"的冲突。

此外，专家们的很多理论都是在假定市场持续运动的情况下得出的，而当市场不持续运动时又该如何呢？这是乔治·索罗斯的反问。对此，乔治·索罗斯幽默却又一本正经地说："我们是业余人士，我们生活在'石器时代'。"

量子基金不仅与共同基金有很大区别，与一般的对冲基金也有很大的差别。量子基金在宏观决定下，可决定对于特定股票的买卖和特定投资工具的应用。但在更多情况下，如果宏观决定可用一个宏观工具执行，那么它便不会利用更多的特定投资工具。比如，当一个股票基金对一个债券很有兴趣的时候，它会首先购买公共事业的股票；量子基金则只会买进债券，只有对公共事业股票也特别看好时才会买进。量子基金的结构十分独特，操作起来也极为灵活。它一般实行"杠杆操作"，即用借来的钱进行投资，这使它可以用极少的钱撬动相对大的市场。

量子基金还可以通过放空赚钱，可以操作股票，也可以操作证券。具体的做法是，从别处借来证券，而后趁高价卖出，最后用较低的价格补足此前借贷的证券。在金融市场上，投资的风险极大，更准确地说，哪个领域的投资都存在着或大或小的风险，这是毋庸置疑的。

但一般来讲，风险在金融市场上表现得更大。量子基金是避险基金，已经"避免"了风险，但风险并不是没有，只不过被降到了一个相对低的位置。

凭借乔治·索罗斯天才般的运作，量子基金发展到巅峰之时资本达84亿美元，是当时世界上最大的对冲基金，乔治·索罗斯一时间被称为"对冲基金之王"。量子基金一共在4个层面进行投资：股票、利率、外汇和商品。在这4个层面中，前3个层面是量子基金的主要投资层面。在具体投资上，乔治·索罗斯从不会拿出100%的资金，每个层面的仓位都在正负100%之间变动。

在基金投资上，信任基金经理是非常重要的事情，如果不能彼此信任，将无法赚到钱，或者让自己投资失利。比如1987年乔治·索罗斯在做空日元上失手之后，量子基金中很大一部分投资者都不再信任他，把资金全部抽出，使得量子基金的资产顿时下降一半，这对乔治·索罗斯本人的打击是巨大的。然而不久之后，乔治·索罗斯便用行动证明了此前那些撤出资金的投资者的选择是错误的，他很快便将量子基金的规模恢复如初。因此，对基金经理人的绝对信任有时也是必要的。

索罗斯在生活中很重视人品，但他在投资规则允许的情况下，很少考虑道德问题。他异常狡猾，尤其喜欢打法律的擦边球。他从来不会正眼瞧美国证券管理委员会，这种狂妄的个性让很多人非常伤脑筋。

量子基金自身有诸多不同于共同基金的方面，甚至同类对冲基金的特点，再加上乔治·索罗斯传奇般的运作，可以说获得了意料之外的成功，让很多投资高手都不得不佩服。从20世纪70年代开始，索罗斯通过与上流社会人物的接触，获得了很多宝贵的信息。有时候，他会在吃饭或者喝咖啡的时候得到一些信息；有时候，他会通过一个电话，获得一些信息。他在用自己的方式成功地运作着量子基金，并且越做越好。

随着量子基金的成功，索罗斯的个人财富也在不断增长，成功晋身了美国顶级富豪的行列。当然，索罗斯也实现了从"贫穷汉"到"投资大亨"的神奇转变。

2. 像"量子"一样增长

乔治·索罗斯与吉姆·罗杰斯所成立的索罗斯基金在当时来讲，应该算是基金市场上的佼佼者，丰厚的投资回报是它最显著的特点，索罗斯基金的发展壮大完全得益于乔治·索罗斯和吉姆·罗杰斯这两位投资天才的精心运作。

乔治·索罗斯在那开始创业目标并不那么顺利。他与当时美国证券交易委员会之间曾发生过多次摩擦。鉴于1977年10月乔治·索罗斯曾操纵股票，使美国计算机科学公司在上市前一天每股股票价格下降了50美分，美国证券交易委员会将其告上了美国纽约地方法院，具体的罪名是：民事欺诈，并违反了美国联邦证券法的反操纵条款。

据美国证券交易委员会的证词，乔治·索罗斯涉嫌指使一位经纪人卖掉美国计算机科学公司的股票。且这位经纪人抛售的22400股股票占了美国计算机科学公司开市当天交易量的70%，每股股票只有8.375美元，是"人为压低的价格"。美国证券交易委员会进一步补充说，乔治·索罗斯购入了美国计算机科学公司75000股股票，将股价维持在8.375美元，意在引诱其他人买进这只股票。

对于这件"证据确凿"的事情，乔治·索罗斯最终签署了法院的判决书，但他对此事既不承认也不否认。他不愿意与美国证券交易委员会打这场官司，那样既浪费时间又损失金钱。即便有冲突，美国证券交易委员会也没有足够的证据，乔治·索罗斯自从事投资行业开始，没有一天进过监狱。

这件事没有对乔治·索罗斯造成更大的伤害，无论是金钱上还是名声上。此事过后，乔治·索罗斯依旧倾力在索罗斯基金上，并于1979年将索罗斯基金正式更名为"量子基金"。

吉姆·罗杰斯提倡"不要听任何分析师的话，要独立思考出属于自己的投资方式"，这种想法促使他对于对冲基金的好感与日俱增。"自主性"的特点能让他发挥出自己的才能。但乔治·索罗斯和吉姆·罗杰斯两人所组建的量子基金显然不只局限在"自主性"上。

量子基金虽然是乔治·索罗斯和吉姆·罗杰斯一手创办的，不过它并不完全归他们两人所有。乔治·索罗斯在离开双鹰基金时，曾带走了一部分双鹰基金中的受益人和他们的资金，这部分人持有量子基金的股票，他们是股东，可享受红利分配和投资报酬。乔治·索罗斯既有自己的资金在其中，又是基金的经理人，他在可以占有股份的同时，作为管理者，与吉姆·罗杰斯可以获得基金利润的20%。

索罗斯是世界上最优秀的投资专家之一，但他知道要打造一个金融业的罗马帝国不是凭一个人就能做到的。所以，他成立量子基金以后，便相当重视寻找人才，与他们并肩作战。随着量子基金的规模越来越大，需要的投资人才就越来越多。

乔治·索罗斯希望可以邀请一个新的伙伴加入基金，同时为将来培养自己的接班人做铺垫，可是吉姆·罗杰斯对此极力反对，他似乎不能容忍任何人在他的身边，外人很难与他相处。从这点上看，乔治·索罗斯和吉姆·罗杰斯口中的"排他性"或许找到了"根源"。在吉姆·罗杰斯看来，基金的规模已经十分庞大了，同时职员也很多，这使得他必须要花大量的时间决定何时让他们休假或者何时提升他们。

1980年是量子基金发展最好的一年。量子基金增长了102.6%，总资产达到了3.81亿美元，是乔治·索罗斯和吉姆·罗杰斯合作期间收益最好的一年。但也就是在这一年，吉姆·罗杰斯准备离开量子基金，他带着从基金中赚到的1000多万美元到哥伦比亚大学的商学院讲学去了。没有了吉姆·罗杰斯的量子基金不能说在发展上遭受了阻碍，但起码会有一定的影响，这种影响任何人都无法揣测。

事实上，吉姆·罗杰斯最终选择离开，可以确定的一点原因是：他对管理更大规模的公司没有兴趣，就如此前他表现出的意思那样，他希望"公司维持较小的规模"。也许是他们的梦想和期待值不同，两人到底缘何分道扬镳，恐怕只有当事人知晓。对于吉姆·罗杰斯的离开，乔治·索罗斯非常失落、伤感，然而事实已经如此，他接下来要做的便是将量子基金运作得更好。

索罗斯并不是一个天生的用人高手，连他自己都承认："我不会看人。"不过索罗斯还是敏锐地意识到，基金可以通过扩充人员而不断壮大。不过这也是他和吉姆·罗杰斯的分歧之处。索罗斯想扩充队伍，而罗杰斯并不想。于是他们达成了三步走协议，索罗斯说："第一步尝试着共同组建一支队伍。如果我们不成功，第二步是我来组建队伍，他不参与；如果也不成功，第三步他来组建队伍，我不参与。这些事情都发生了。"

量子基金是全球规模较大的几个对冲基金之一。索罗斯凭借其过人的分析能力和胆识，引导着量子基金在世界金融市场有了自己的一席之地。当然，索罗斯也凭借管理量子基金得当，成为国际金融界炙手可热的人物。

这时的乔治·索罗斯已然成功地跻身于亿万富翁的行列，成了众多投资者眼中的"风向标"。从1995年开始到1997年3年间，乔治·索罗斯配额基金的回报率已经远远超过了华尔街，分别为159.4%、81.9%、41.3%，这样高的回报率让投资者大发其财，他们借着乔治·索罗斯对市场的准确拿捏成了千万富翁、亿万富翁。

有了足够发挥自己才华的空间，乔治·索罗斯还需要充足的资金来支撑自己的发展，毫无疑问，量子基金的"量子式"发展为乔治·索罗斯一步步践行自己的理论创造了条件。量子基金成了乔治·索罗斯验证自己理论的实验室。乔治·索罗斯的基金能这样快地成长——果真像"量子"一样，功劳自然在乔治·索罗斯身上。

索罗斯坚信他的盛衰理论，20世纪70年代，美国的大豆市场非常繁荣，大豆价格一度上涨到了1000美元一吨，几乎所有的投资者都对大豆市场产生了浓厚的投资兴趣。他们认为美国大豆的价格将会继续上涨到每吨1400美元，或者是每吨1600美元。尽管很多业内人士早已发现，当时的股市已经处于牛市的晚期，但是让投资者意外的是，美国大豆的价格不断地上涨着，已经被市场冲昏头脑的人认定大豆价格上升的空间还并未到头。

由于大多数投资者产生了认知的偏差，导致美国大豆的库存能力被过分地低估。最后因为其价格被投资者高估，造成股票市场由盛转衰，美国大豆的价格突然开始大幅地下跌。几乎所有看好大豆的投资者都掉进了股市的旋涡之中。

通常在这种盛衰交替的时候，索罗斯总能抓住最佳的机会。20世纪80年代，由于索罗斯公开竞标某一家上市公司，这家上市公司的价值被投资者重新评估。各大银行都愿意向其他投标者发放贷款，结果使出价高于其实际的价值，造成市场的混乱。这时，索罗斯判断出市场将会逐渐崩溃，他立刻将这家公司的股票全部抛售，避免陷入这场危机之中。

如果说市场盛衰交替时期，是很多投资者的噩梦，那么它却是索罗斯梦寐以求的快乐时光。索罗斯认为，市场主流的偏向越大，市场的波动就会随着变大，就会对市场造成巨大的影响。这时，如果投资者可以保持冷静，仔细分析市场的走势，就能抓住市场盛衰交替的时机，在市场中获得良好的投资机会。

量子基金作为乔治·索罗斯手中最有力的金融武器，令他无坚不摧、无往不利，那么，量子基金除了得益于乔治·索罗斯的悉心维护，它本身又有怎样的"潜质"呢？

3. 股灾中最失败的投资者

在后吉姆·罗杰斯时代，乔治·索罗斯尝到了反身性"作用"在自己身上的滋味，他也首次遭遇"滑铁卢"，失败在他的脑海中印下了永远无法磨灭的痕迹。让人称奇的华尔街投资之神也会失败？是什么让这位投资英雄如此沮丧呢？

对于"华尔街投资大师"来说，或许在他第一次失败前从没想过自己也会失败。

随着吉姆·罗杰斯的离开，12年的黄金组合解体了，乔治·索罗斯进入了他的独角戏时代，他要独自一个人带领量子基金向着更高的目标冲刺。或许是吉姆·罗杰斯的离开对乔治·索罗斯产生了极大的影响，在吉姆·罗杰斯离开的第一年——1981年，乔治·索罗斯遭遇了其投资生涯的第一次失利。

乔治·索罗斯预测美国公债市场会出现一个"繁荣时期"，所以大量购入长期国债，可是现实并没有向他预料的方向发展，银行利率不断提高，直至高到超过了公债利率，乔治·索罗斯持有的公债因此损失了3%—5%，量子基金受到了前所未有的打击。量子基金并非乔治·索罗斯一个人的基金，很多投资者选择离开了乔治·索罗斯，量子基金的资产顷刻"蒸发"了1.93亿美元，占上一年量子基金总资本的一半。乔治·索罗斯并没有因此消沉，因为他发现了新的机遇。乔治·索罗斯就是这样一个人，不会因一时的失败而否定自己，况且在某种程度上讲他并不算失败。

1981年，随着里根总统上台，美国加强了国防力量，却没有增加税收，这对乔治·索罗斯来说是一个非常好的开端。乔治·索罗斯抓住了机会，开始了新一轮的投资。索罗斯大量买入了2011年到期的长期国债。债券的价格从100美元升到109美元。事情与乔治·索罗斯所预料的一样，从第二年夏天开始，贷款的利率开始下降，股票份额渐渐攀升，量子基金重振雄风，在1982年年底债券上涨了56.9%，量子基金总资产由乔治·索罗斯投资失利时的1.933亿美元回升到了3.028亿美元，乔治·索罗斯把上一年失去的补了回来，他用自己的行动证明了自己的实力，也给当初那些撤出量子基金的投资者来了一个下马威。

随着石油输出国组织的解体，石油的价格开始下跌，美元承受着巨大的贬值压力。美国贸易逆差的快速增长和预算赤字的增加似乎标志着一场金融风暴即将来袭。乔治·索罗斯预测美国政府一定会为保美国经济而支持美元贬值，同时他预测德国马克和日元会相应升值。他果断地买进日元，赌日元会升值。可是出乎意料，日元和德国马克下降了，那时他买进的日元和德国马克多达7亿美元，远远超过量子基金的总资产。他动摇了，难道是自己的"里根的帝国循环"理论错了？他还是选择了相信自己，并再次追加1亿美元。乔治·索罗斯手中有8亿美元日元和德国马克，胜败就在此一举。

1985年，美国国内企业纷纷要求政府实施保护政策，而唯一的保护政策看起来只有贬值美元。于是多国部长签署了一份《广场协议》，协议签订的第二天，美元开始贬值，从1美元兑239日元降低到1美元兑222.5日元，乔治·索罗斯在美元贬值的第一天就赚了4000万美元。到了1986年9月时，1美元只兑153日元，乔治·索罗斯前前后后加起来一共赚了1.5亿美元，量子基金再度在华尔街声名远播了。到了1985年，量子基金的总资产飙升至10.03亿美元，增长率达122.2%，而同期的道·琼斯指数却只上涨了34%，量子基金在当时来说绝对是一个神话。乔治·索罗斯本人这一年也名利双收，登上了华尔街收入最高的100人中第二名的宝座，收入达9350万美元。1986年的量子基金再获丰收，基金财富增长了42.1%，总资产达到了15亿美元，乔治·索罗斯收入了2亿美元。

1987年，乔治·索罗斯虽然股票市场瞬息万变。营收两年以后，乔治·索罗斯又一次看走眼了。估计日本证券市场会崩盘，但他并没有在日本市场上下手，而是将战场转移到了美国。这次乔治·索罗斯的判断失误了，崩溃的不是日本市场而是美国市场，乔治·索罗斯投资在美国的资金被套在了美国股市中。事情的急转直下并没有让乔治·索罗斯手忙脚乱，他马上将手中几个长期的股票份额抛售。1987年10月19日，美国市场道·琼斯平均指数下跌508.5点，创下了当时的纪录。量子基金在这一年的美国股市崩溃中总资产下降了26.2%，乔治·索罗斯损失了近8亿美元。

在美国股市崩溃之前，乔治·索罗斯在日本市场做空，在美国市场做多，美国的股市却暴跌了，而日本市场依旧坚挺。如果说当时日本市场能符合乔治·索罗斯预见的话，那么他在这场股市崩盘中不会被外界称之为"损失最惨重的人"。当时，日本政府采取了护盘政策，令日本股市免于危机。量子基金曾经创造的神话就这样被难以琢磨的股市轻易地打破了。乔治·索罗斯成为"股灾"中最大的失败者。

为了不使量子基金受到威胁，乔治·索罗斯通过关系联系到了一位伦敦的交易员，用极低的价格将整个投资组合卖掉了。因为这时候的乔治·索罗斯想到了父亲犹华达的话，那就是"生存"，没有什么比生存更重要的了，虽然他是很多人眼中的失败者，可是知道失败并不可怕，目前需要的是敢于面对失败的勇气和迅速解决的方案。

1983年，乔治·索罗斯再婚，新娘是28岁的苏珊·韦伯。早在1977年，乔治·索罗斯的婚姻便开始破裂，对于此事乔治·索罗斯表示："我和我的基金已经融为一体了……它就像我的情妇一样，我们生活在一起，睡在一起……"次年，乔治·索罗斯与妻子分居。也就是在他们分居的这一年，乔治·索罗斯遇见了22岁的苏珊·韦伯，不久两人便开始交往，并1983年步入婚姻殿堂。

乔治·索罗斯进入了一个极为"稳定"的阶段，他尝试隐退自己，为未来寻找接班人。

4. 乔治·索罗斯的"接班人"

乔治·索罗斯虽然不是量子基金唯一的股东，但他可以在量子基金的每一次交易中分得一定的利润；可以说，索罗斯也是为了盈利才操纵量子基金的。不过在操纵整个基金的时候，索罗斯只会关注大事，很少过问细节。有时候，甚至连分红的事情，他都很少过问，在他看来，与员工争论细节就是浪费时间。

乔治·索罗斯认为，一个在金融市场上打拼的人，如果想摆脱市场对他的诱惑，是一件非常难的事，因为他时刻都在患得患失，当他抛空的时候，总是担心在下一个时刻，行情立即会猛涨；当他买进多头持仓的时候，却一直担心目前的涨势只是一种假象，很快便会跌下来，让他亏得血本无归。因此，为了守住他的钱，他每时每刻都在紧盯着市场，担心自己的判断出现问题。

乔治·索罗斯从小就说自己是"救世主"，他是忠于自己的梦想的人，很多人评说"世界上再不会有第二个索罗斯"，可是他却想找到第二个索罗斯，长此以往，索罗斯渐渐刚感到精力不济，他想为自己找一个接班人。延续自己的梦想，不再让自己有那么大的压力。1982年，他终于找到了，一个被称为"神童"的人跃入了乔治·索罗斯的视线，他叫吉姆·马科斯，是一个有为青年，只有33岁。

吉姆·马科斯就职于一个位于明尼苏达州的IDS进步基金，他做的是共同基金。1982年，在吉姆·马科斯管理下的IDS进步基金增长了69%，资产为1.5亿美元。这一年，乔治·索罗斯与吉姆·马科斯会面了。

吉姆·马科斯觉得自己总是很紧张，随时都要接受乔治·索罗斯的一些思想考核。结果，吉姆·马科斯通过了考核。

1983年1月，吉姆·马科斯成了量子基金的经理人，他负责一半的基金，另一部分乔治·索罗斯交给了外部的经理人。此时的乔治·索罗斯似乎想退居二线，但事实上手中的权力依旧能让他运筹帷幄。吉姆·马科斯曾说："乔治·索罗斯想减轻自己的负担，他想尽快找一个替身，而我便是他的第一个替身。"

吉姆·马科斯和乔治·索罗斯配合得非常默契，他在基金管理方面很有天分。乔治·索罗斯主要的工作是审视全局，进行宏观的分析，而吉姆·马科斯则要从乔治·索罗斯所分析出的大局势中寻找出具体的能够获得最大利润的行业和公司。虽然乔治·索罗斯掌控着大权，却没有限制吉姆·马科斯的发挥，让他充分地体会到了一个基金经理人的权力，可吉姆·马科斯却感觉非常"辛苦"，因为他感觉每天上班都好像是在接受"审讯"，每天都处于高度紧张的状态。

索罗斯认为，每一位投资者都要懂得运用自己的想象力，这不是说投资者就不需要分析了，不需要观察了，而是让自己的想象力不要被压制。索罗斯说："我总体地理解事物的主要洞察力在于在形成对事物的看法时，是不完全理解在发生作用。传统的经济学家以均衡理论为基础，认为供给和需求是平衡的。但是，如果你意识到不完全理解发挥的重大作用，你就会意识到你处理问题所运用的是不均衡理论。"这里的不均衡，其中也包含着想象力的成分。

"和上午相比，你现在有没有一些新的想法？"这句话像是例行公事一样出现在每次交易结束后乔治·索罗斯和吉姆·马科斯的谈话中。吉姆·马科斯说："乔治·索罗斯似乎总是在寻找你的薄弱环节……他每次在你准备用自己的方式来解决问题时出现在你身边，告诉你要怎样做。"

吉姆·马科斯一直非常感激乔治·索罗斯给予他的一切，感激对他的信任和支持，他一直都认为和索罗斯在一起工作是一种享受，吉姆·马科斯时常会想起与乔治·索罗斯一同到爱尔兰参加索罗斯基金董事会的情形。"乔治·索罗斯精通英语、法语和德语，他可以很轻松地从一种语言转换到另一种语言……"很显然，吉姆·马科斯是乔治·索罗斯的崇拜者。

1983年是乔治·索罗斯和吉姆·马科斯合作得极为愉快和顺利的一年，也是量子基金发展很好的一年，这一年基金的资本达到了3.855多亿美元，比上一年增长了24.9%。第二年，事情有了变化。

量子基金的增长率不乐观。董事会的董事们向乔治·索罗斯施压，希望他重新带领量子基金再创辉煌，这让乔治·索罗斯必须重新回到工作岗位。乔治·索罗斯告诉吉姆·马科斯这个他似乎不想知道的消息："我看到百年不遇的风暴即将来临，不管你喜不喜欢，我都是这艘船的船长……在这个最关键的时刻，需要一位有经验的人来掌舵……如果在我们两个人之间选择的话，那么毫无疑问，我将是胜出者……"吉姆·马科斯的权力被剥夺了。

在乔治·索罗斯重回宝座之后，吉姆·马科斯面临两个选择，第一，继续留在量子基金，但权力已然不比从前，只能管理着一小群人；第二，结束在量子基金的经理人生涯。吉姆·马科斯说："事实上，乔治·索罗斯是正确的，我时常觉得自己会患上脑血栓，那时我已经没有更多的精力来处理不断出现的问题了……"

吉姆出走后，索罗斯不得不独身奋战。直到1988年，另一位入乔治·索罗斯眼的人物出现，他就是斯坦利·德鲁肯米勒——一个在乔治·索罗斯狙击英镑中起到巨大作用的乔治·索罗斯的"接班人"。斯坦利·德鲁肯米勒对市场的判断似乎同乔治·索罗斯一样精准，他28岁的时候就创立了自己的财务管理公司——瑞格逊资产管理公司。他在公司创建之初就抓住了小公司股票暴涨的势头，让自己的公司利润增加了近20%。他也是一个非常自信的人，可是过于相信自己的判断，他把盈利中收益的一半股票变成了现金，第三季度的时候他将收益记录抹平了。经历了一次又一次的教训，他只要感觉市场前景不容乐观就会马上套现。

1986年，早期在金融市场上崭露头角的斯坦利·德鲁肯米勒受雇于屈佛斯基金。在这家基金做基金经理人的斯坦利·德鲁肯米勒仍旧有可以继续运作瑞格逊资产管理公司的权力。

在一同管理两个公司时，斯坦利·德鲁肯米勒并未表现出任何不能胜任的姿态，他精力充沛，他早期的投资、管理风格——单一持有股票组合，已经转向了股票和债券、外汇相互组合的投资、管理方式，这使得他可以游刃有余地在这类市场上做多和做空。在斯坦利·德鲁肯米勒所管理的8个基金中——他本人拥有1个，1987年3月成立的"积极主动策略投资基金"是最出名的，直到次年斯坦利·德鲁肯米勒进入乔治·索罗斯的量子基金，这个基金依旧是基金行业中的佼佼者。

1988年，斯坦利·德鲁肯米勒正式加盟乔治·索罗斯的团队，量子基金进入了"斯坦利·德鲁肯米勒时代"。正如后来索罗斯所写的："我痛苦地寻找了5年才组建了合适的管理团队。我很高兴我最终找到了它，但我不敢说我挑选的团队像我过去实际管理资金一样成功。"他进入公司的时候，量子基金只有30%的年报酬率。在他进入公司的5年后，量子基金的年报酬率上升至40%。他说他对乔治·索罗斯充满了"畏惧感"和"钦佩感"，这两种感觉让他研究了乔治·索罗斯的各种操作，所以他能了解索罗斯的所有想法，量子基金的业绩也非常骄人。

在斯坦利·德鲁肯米勒眼里，乔治·索罗斯是世界上最伟大的投资家，他非常渴望和乔治·索罗斯一起工作，向索罗斯学习。乔治·索罗斯对斯坦利·德鲁肯米勒非常看重和信任，斯坦利·德鲁肯米勒刚进入量子基金不久，乔治·索罗斯便将基金完全交给了他，而索罗斯自己则"转战"东欧和苏联，帮着它们改革封闭的经济。斯坦利·德鲁肯米勒如愿地接管了量子基金。

量子基金离不开斯坦利·德鲁肯米勒的卓越贡献，在斯坦利·德鲁肯米勒的量子基金时代，发生了金融史上难以磨灭的大事件，那是属于他们的共同经历。1992年狙击英镑，截止到该年年底，量子基金的净产值达到了31.57亿美元。1994年量子基金对墨西哥比索发起了攻击，1997年乔治·索罗斯和斯坦利·德鲁肯米勒"策划"了震惊世界的亚洲金融风暴。在这一系列大事件中，斯坦利·德鲁肯米勒都发挥着不可替代的作用。

据斯坦利·德鲁肯米勒称，他所做出的这些成绩与乔治·索罗斯关系密切。虽然他自身的努力是一个方面，但更多的投资思想还是来源于乔治·索罗斯。斯坦利·德鲁肯米勒说："乔治·索罗斯说，操作方向的对错并不重要，重要的是操作方向正确的时候赚了多少，操作方向错了的时候赔了多少……而在操作方向正确的时候有没有将应该获得的利益最大化……"与其说是乔治·索罗斯的个人能力将量子基金发展成世界级的规模，倒不如说是量子基金促成了乔治·索罗斯的"质变"，当然，二者实际上是相互依存的关系。

德鲁肯米勒管理量子基金达到13年之久。期间，索罗斯一步步地放权给他。起初他们还会有争论，但随着彼此的信任度逐步提高，索罗斯对他的能力给予极大的肯定，当然也赋予了他更多的权力。试想，如果索罗斯不是在失败中一步步地了解到"授权"对自己的重要性，他就会很难从繁杂的工作中解脱出来。

当然，在资金整体的运作上，斯坦利·德鲁肯米勒依旧遵照着乔治·索罗斯的投资哲学。他就是"第二个乔治·索罗斯"。2000年由于互联网泡沫的破灭，持有网络股的量子基金损失巨大。又因为乔治·索罗斯在狙击港币上失败，他于2000年4月28日关闭了基金集团旗下的量子基金和配额基金，斯坦利·德鲁肯米勒就是在这时与乔治·索罗斯终止合作的。让华尔街振奋了很多年的量子基金寿终正寝了。

5. 打垮英格兰银行

在索罗斯的一生中，打垮英格兰银行是他的骄傲，是他的传奇。那时他是让英国头疼的人物，是整个欧洲的麻烦。他像一个

"神"，有着别人没有的预见性，是个预言家，那是属于他的独一无二的天赋。

1992年，金融风暴席卷英国为了让英国在这场来势凶猛的"金融风暴"中安然无恙，英国财政大臣拉蒙特于1992年8月28日表态："政府的立场是坚定的，英镑绝对不会贬值，英国也不会退出欧洲汇率机制……"

政府救市总会在危机时刻出现，拉蒙特认为英格兰银行已经买进了市场上的3亿英镑，绝对不会让英镑成为疲软的欧洲货币，也不会让"不怀好意"的投机者将英镑兑德国马克低于2.778的最底线。

英国政府对英镑的大力支持让一些准备赌英镑贬值，即做空英镑的人稍稍收了手脚，虽然他们仍旧少量抛售英镑，但却没有十足的把握来预测市场的动向。由于有政府的干预，英格兰银行的财力支撑，英镑兑马克没有跌破底线。

乔治·索罗斯到了德国中央银行，想了解德国怎样看待欧洲汇率机制中的"成员国"。知道了德国不想救他的盟友后，索罗斯彻底放心了，觉得是到了大笔投资的时候了。除了乔治·索罗斯下了大注外，还有很多潜心于货币交易的人活跃在其中，当然，他们中乔治·索罗斯是绝对的"大东家"，因为他下的注最大。

随着被抛售的英镑数量的急剧增加，英格兰银行对抗力量显得越来越羸弱。面对这种情况，首相约翰·梅杰和财政大臣拉蒙特仍然苦撑着，决定动用一切力量保住英镑。

1992年9月3日，英国政府的财政大臣拉蒙特对外宣布，英国政府已经向国际银行借贷了75亿英镑用以买入市面被抛售的英镑。这对于英国来说是一次史无前例的举动，也表明了英国政府捍卫英镑的决心。

这似乎是给英国民众打了一针强心针，保证英镑的地位对于普通民众来说在一定程度上保护了他们的利益。英国政府接二连三地呼吁确实收到了一些效果，英国国内群众的信心被政府的"鼓吹"激发了出来。然而，在乔治·索罗斯看来，约翰·梅杰和拉蒙特的言辞只适合"政治演讲"，根本解决不了实际问题。

接着，拉蒙特大搞舆论，让人们对英镑、对政府有信心。首相约翰·梅杰也不忘在此时"添油加醋"，他发表了一篇演讲，称："英镑不会贬值，不会变成疲软的欧洲货币，英国政府决定不会出台不利于国民的政策！"英国的国民欢呼雀跃，他们非常信任政府。可是也有一些人看到英国政府已经黔驴技穷，没有更好的办法。英国政府的举动虽然让民众看起来英镑被保住了，但德国中央银行总裁史勒辛格的一篇采访似乎成了英镑被正式"列为"狙击目标的导火线。史勒辛格在《华尔街日报》发表了一篇采访，表示意大利里拉通过贬值来换取德国降低利率的做法根本无法挽救欧洲货币的危机，或许可以说，贬值可能是避免危机的一个行之有效的办法。

乔治·索罗斯的"接班人"——斯坦利·德鲁肯米勒响应了他和史勒辛格的"号召"，随时待命，他预计投入30或者40亿美元，但在乔治·索罗斯看来，一旦确定自己选择的是对的，那么就要把这个机会无限地放大，不设框框。

乔治·索罗斯准备抛出70亿美元的英镑，同时买进60亿美元的德国马克。此外，鉴于欧洲汇率机制解体会导致的影响，乔治·索罗斯双管齐下，在证券和利率市场上一同下注。乔治·索罗斯这次赌注达到了100亿美元，他是当时下注最多的人。

鉴于意大利里拉的贬值，市场上开始有更多的英镑了，这是投资者们操作的开端，局面一旦显现就不再可控。很快，一路下滑的英镑跌到了1英镑兑2.8德国马克的地步，英格兰银行见状，购进了30亿美元的英镑。这时候的投入就好像石沉大海，没有任何成效，只能让英镑越陷越深。当晚收盘后的英镑跌幅很大，马上就要跌至1英镑兑2.778德国马克的最底线，这是英国自加入欧洲汇率机制以来的谷底。英国政府十分着急，首相约翰·梅杰和财政大臣拉蒙特到处联系其他国家，希望能够救市。英国国内的金融官员都知晓，当一国的货币遭到打击时，通常干预的办法是：政府出面，将市场上被抛售的货币全部买入。如果这个办法不奏效，那么只能提高利率。但此举会影响本国的经济，这也是之前英镑被抛售，英国政府积极买进但并没有直接提高利率的原因。

拉蒙特和英格兰银行的几位高级官员经过商量后，依旧没有更可行的办法，当投资者们从相应渠道获悉英国求助德国无果后，他们的行动更加有目的性和杀伤性了。他们清楚，得不到德国的支撑，英镑必然一步步下挫，更多的欧洲货币将会受到"株连"，随后，投资者们大举抛售英镑，英镑与德国马克的兑换比率有节奏地下降着。约翰·梅杰和拉蒙特再次请求德国降息时，遭到了断然拒绝，德国中央银行的官员表示他们不会做出有损国家利益的事情。

在英格兰银行背水一战之时，盟国的美国纽约联邦储备银行和日本银行向其伸出了援助之手，这可算作是英国可以得到的最后的支持力量了。

索罗斯呢？这个刚投资了100亿美元的金融大鳄非常平静，他依旧在他曼哈顿的办公室里看着这一切，或许这就是这个金融大鳄的淡定，他在平静中享受着、等待着暴风雨的到来。

英格兰银行成立于1694年，有着悠久的历史，是英国的中央银行，实力非同一般。可是它不得不面对现实，当英格兰银行在忙着买入市场上被抛售的英镑之时，乔治·索罗斯或许正"悠闲"地坐在办公室里盘算着要怎样将获得的资本增大，这对英格兰银行来说简直是一个天大的讽刺。

英格兰银行的副行长伊迪·乔治带领着几位交易者正大批地买进英镑，但他们拿出的资金与被抛售的英镑比起来简直是杯水车薪，只有可怜的20亿美元。英镑兑换德国马克比率的一步步下跌，让财政大臣拉蒙特再也坚守不住阵地了。为了不让英镑贬值，只有以抑制本国经济为代价提高利率，这是当时英国政府面临"铜墙铁壁"时的最后一颗"炮弹"。在向政府发出申请的同时，拉蒙特下令英格兰银行拿出更多的外汇储备进行干预，即使不能度过危机，也要将损失减到最小。

约翰·梅杰似乎没有认清事情的严重性，他和政府官员进行了一场冗长而无效的会议，会议的内容竟然是《马斯特里赫特条约》，他的这种做法在以乔治·索罗斯"为首"的投资者面前，无异于"以卵击石"。那时的英镑利率犹如被打开的水龙头一样，"下降之流"已经关不住了。

1992年9月16日是英国政府的"黑色星期三",因为这一天的到来注定了一个结果,1英镑兑2.703德国马克,远远低于欧洲汇率机制的最底线。在庞大的国际投资者天文数字的资金面前,英国政府动用的200多亿美元起到的作用只像微风试图撼动钢筋水泥的高楼一般。英国政府承认,他们输给了投机者,随后他们同意英镑自由浮动,不再维持当初的浮动区间。一脸沮丧的约翰·梅杰垂头丧气地出现在媒体面前——他显然没有1990年出任英国首相时那样的兴奋劲儿,无力地宣布英国退出欧洲汇率机制,这标志着那一时期英国试图与欧洲一体化进程同步的梦想破灭了。

在这一天,外汇储备多达440亿英镑的英格兰银行花费了150亿英镑来买入市场上被抛售的英镑,试图力挽狂澜,但最终仍以失败告终。英国退出欧洲汇率机制消息的流出,让英镑兑德国马克的比率再度下滑,到了这一年9月末,1英镑只兑2.5马克,英镑滑到了谷底。同期的意大利里拉贬值了22%,西班牙比塞塔贬值了28%。击败英格兰银行的本质因素并不是乔治·索罗斯和众多投资者的狙击,归根结底,还是英国政府在那时已身处困难重重的境地,这一点被乔治·索罗斯敏锐地察觉到了。

乔治·索罗斯无疑是这场狙击战中的最大胜利者,据统计,他在狙击英镑中,盈利10亿美元,再加上之前他在英国、德国和法国股票、债券上的做多和做空,整个"战役"为他积累了20亿美元的资本。在这一年,乔治·索罗斯个人成就也达到了那一时期的顶峰,以6.5亿美元的个人收入荣登1992年华尔街收入榜首,据说这个纪录至今无人能打破。

在狙击英镑之后，乔治·索罗斯被称为"打垮英格兰银行的人"。有着近300年历史的英格兰银行几乎在短短的几天内被打垮，简直令人难以置信。象征着"牢不可破"的英格兰银行的溃败，铸就了乔治·索罗斯的个人传奇。在此次"战役"后，乔治·索罗斯的名号响彻了整个华尔街，甚至整个世界的金融界，许许多多的投资者都以他马首是瞻。乔治·索罗斯"摇身一变"，成了金融界的神话。

索罗斯就是一个永远走在别人前面的投资家他天生就具有一种敏锐的判断力和犀利的观察力，再加上他深厚的哲学功底和对大众心理的良好把握，使得他具有透过表面看本质的能力。他能在某一思想被大家发现之前，就敏锐地捕捉到它；能在别人还没有预料到某种市场突变时，就透过他所得到的咨询分析、判断出来。因此，他对市场的判读通常都很准，而且他做决策的速度很快。当其他投资者明白过来准备行动的时候，他已经拿着他的战果，鸣金收兵了。

第五章 遭遇金融寒流

1. 输在美元市场

乔治·索罗斯作为投资大师在华尔街让人闻风丧胆。他是著名的货币投机家,他是股票投资者,他是慈善家,他还是政治行动主义分子。

他的人生仿佛涂上传奇的色彩,闪烁着诱人的光辉,让整个世界瞩目,他是战神,又是魔鬼,功过由人评定,现在让我们剖析一下他在金融界的寒潮,看这个强大的人物在失败面前如何反应,是否活出了不一样的质感。

首先,我们把目光聚焦在1987年的美元市场。索罗斯根据金融市场的盛——衰理论判断,繁荣期过后必存在一个衰退期。那时候他通过有关渠道得知,在日本证券市场上,许多日本公司,尤其是银行和保险公司,大量购买其他日本公司的股票。有些公司为了入市炒作股票,甚至通过发行债券的方式进行融资。日本股票在出售时市盈率已高达48.5倍,而投资者的狂热还在不断地升温。因此,索罗斯认为日本证券市场即将走向崩溃。但索罗斯比较看好美国证券市场,因为美国证券市场上的股票在出售时的市盈率仅为19.7倍,与日本相比低得多,美国证券市场上的股票价格还处于合理的范围内,即使日本证券市场崩溃,美国证券市场也不会被过多波及。于是,1987年9月,索罗斯把几十亿美元的投资从东京转移到了华尔街。

然而，首先出现大崩溃的不是日本证券市场，而恰恰是美国的华尔街。1987年10月19日，美国纽约道·琼斯平均指数狂跌508.5点，创当时历史纪录。在接下来的几星期里，纽约股市一路下滑。而日本股市相对坚挺。索罗斯决定抛售手中所持有的几个大的长期股票份额。其他的交易商捕捉到有关信息后，借机猛向下砸被抛售的股票，使期货的现金折扣降了20%。5000个合同的折扣就达2.5亿美元。索罗斯因此在一天之内损失了2亿多美元。据报载，索罗斯在这场华尔街大崩溃中，损失了大约6.5亿到8亿美元。这场大崩溃使量子基金净资产跌落26.2%，远大于17%的美国股市的跌幅，索罗斯成了这场灾难的最大失败者。

对于乔治·索罗斯来说，这是难忘的一年。他失败了，可以说这是他第一次真正意义的失败——在与美元的交锋中他失败了。这种失败不仅仅是金钱的损失，索罗斯对名声和自信的打击也是相当严重的，他的反身性理论和盛衰理论甚至遭到了自己的质疑。当然，能凭着这两个绝无仅有的理论闯荡华尔街，足以说明乔治·索罗斯给予了自己充分的信任，而以往取得的业绩也表明了他这种理论的"实效性"，不然他断不会取得那般辉煌的成就。然而，试想一个极端自信的人，发现那些引以为自豪的东西突然崩盘，这种巨大的打击是无法想象的，一蹶不振也是可以理解的。

可索罗斯并没有一蹶不振，相反1987年10月的惨败让乔治·索罗斯能更冷静地观察时局和自身，对于为自己积累下庞大资产的反身性理论和盛衰理论，乔治·索罗斯依旧是坚信不疑的，他不认为一次失败就能证明自己理论的"局限性"。

在这次"赌博"中乔治·索罗斯是一个失败者，但他在危机来临之时的表现依旧是可圈可点的。对于一般的投资者而言，在美国股市上下了大注，并最终被套牢后，大多不甘心听任市场的摆布，会通过"极端"的方法来"报复"市场，或许对他们来说真正套牢自己的不是市场，而是自己的脸面。可这样一来，便会越陷越深。而像乔治·索罗斯这类大人物，可能更加看重自己的脸面名声，也往往会在被市场套牢后有过激的表现。然而索罗斯并非如此，当他发现自己的判断失误时，毅然认赔出场，没有执迷于自己此前的判断。

在此次惨败之后，乔治·索罗斯说："我的确犯了一个大错误，我预料崩盘会在日本发生，我也为此作了充分的准备，但事实上，暴跌的不是日本股市而是华尔街，所以我错了。"勇于承认自己的错误这是难能可贵的，虽然索罗斯痛恨赔钱，但他能够忍受痛苦。而对于他来说，认识到错误则是一件可以引以为豪的事情。

乔治·索罗斯清楚，当错误发生时，自责和追究责任已于事无补，与其将时间花在毫无意义的事情上，不如勇敢地承认错误，承担因自己犯下的错带来的不利后果，只有这样，才能将所遭受的损失最小化，也能够有重新来过的机会、勇气和实力。正如他经常说的："如果你的表现不尽人意，首先要采取的行动是以退为进，不要铤而走险。而且当你重新开始时，不妨从小处做起。"

在他看来，对于事物的认识缺陷是人类与生俱来的伴侣，他不会因为错误百出而备感伤心丢脸，他随时准备去纠正自己的错误，以免在曾经跌倒过的地方再度绊倒。

他认为，在金融市场上应该始终保持清醒，不感情用事，因为他明白理智的投资者应该是心平气和的，不能求全责备。正如当你决策失误，造成巨大损失时，自责是毫无意义的，重要的是勇于承认自己的错误，及时从市场中撤出，尽可能减少损失。只有保存了竞争的实力，你才能够卷土重来。

在他看来，应该始终保持敏锐的嗅觉，比别人能更敏锐地意识到错误。当发现他的预期设想与事件的实际运作有出入时，不能坐以待毙，也不能对于那些该死的出入视而不见，应该进行一次彻彻底底的盘查以期发现错误所在。一旦发现错误，就要修正自己的看法以图东山再起。

正是这些凝聚出他的淡定心态——胜利时的平静和失败时的淡定，使他始终能够在动荡的市场中保存实力。对他来说，失败是在为下一次的成功积蓄力量，一个投资者之所以被称为伟大的投资者，关键不在于他是否永远是市场中的大赢家，而在于他是否有承认失败的勇气，能否从每一次的失败中站起来，并且变得更加强大。索罗斯恰恰具备了作为一个"伟大投资者"的素质。这也就是为什么索罗斯在经历了1987年10月份的惨败之后，却仍能使量子基金1987年的增长率达到14.1%，总额达到18亿美元，当《金融世界》杂志刊登华尔街年获报酬最高的个人时，乔治·索罗斯以7450万美元的收入名列第二位的原因之一。从这点可以看出，乔治·索罗斯即便在危机当时被认为总损失达近8亿美元，或者更多，他也有更强的实力来承受更大的压力。

而这次在美元市场遭遇滑铁卢时的应对措施和实力的保存对下

一场狙击英镑的战役起到了很大的作用，没有在无情的"商战"中存活下来的量子基金，也就不可能有乔治·索罗斯堪称完美的"狙击战"。所以从这个层面来讲，乔治·索罗斯的"生存"意识可以作为投资者进入风起云涌的金融市场的教材。在这次战役中他被《经济学家》杂志称为"打垮了英格兰银行的人"。

2. 对战德国马克

索罗斯不是那种奉传统若神明的人，他有自己独特的一套市场理论。索罗斯就像是一个心理学家，他不必与其他人面对面就能知道在当时的环境中，投资者到底会有什么样的投资取向。在索罗斯的投资哲学里，他相当重视"混乱"这一概念。他认为，市场是混乱的，而非理性有序的，其中原因不难明白，因为促使市场升跌起落的人心根本就是混乱的。他认为，金融市场动荡无序，股票市场的运作基础不是逻辑，而是心理。跑赢市场的关键在于如何把握这种群体心理。然而，即便有深入研究，失败也在所难免。德国马克市场，承载了索罗斯另一次的失败。

这件事要从1992年狙击英镑胜利以后说起，当他被称为"打垮英格兰银行的人"和"宇宙主宰者"之后，他的一言一行成为许多投资者的"投资参考"。在许多投资者看来，乔治·索罗斯是一个"神一般的人物"，在金融市场上他甚至可以"呼风唤雨，为所欲为"。狙击英镑的成功让乔治·索罗斯此前的败绩真正成了历史，人们似乎忘记了1987年这位大师失手之事。

其实很长一段时间内，乔治·索罗斯都是一个行事极为低调之人，他认为作为投资者，过多地在媒体面前曝光并不是一件好事，媒体甚至会制造出一些麻烦。所以，当更多小有成就的投资者在媒体面前大谈自己的投资策略如何之时，乔治·索罗斯则依旧隐藏在幕后，悄悄地操纵着一切。但是在1992年与英格兰银行一役后，乔治·索罗斯频繁地出现在公众的视野里，人们也很想知道这样一个不亚于"股神"沃伦·巴菲特的人有怎样的投资秘诀，而广大媒体也自然不会错过这个可以产生新闻的"载体"，对乔治·索罗斯的报道也逐渐增多了。挡在他面前的一块黑布被掀开了。他不仅仅是个富人，也是个有人倾听有人跟随的人了。这对一个人的荣誉感是相当大的鼓舞。

1993年，乔治·索罗斯盯上了英国房地产。那时英国房地产价值走低，整个行业都处于低谷。经过细致的分析后，乔治·索罗斯与里奇曼成立了基金，收购了英国土地公司4.8%的股份，令那一时期许多投资者都对房地产抱有极大的信心。再加上他"打垮英格兰银行的人"的称号，他已然不是一般的投资者，所以几乎任何一个举动都能在市场上掀起轩然大波。跟随乔治·索罗斯投资脚步的热潮顿时出现，大批投资者对英国房地产的热衷使得当时市场上房地产的股票暴涨，乔治·索罗斯借着自己"营造"出的这股热潮赚了520万英镑。

事实证明判断和影响力使乔治·索罗斯对自己的"领袖地位"

深信不疑，他对于任何自己热衷的事情都充满了信心，此时加上几次判断正确的催化，他的自信心开始膨胀，甚至开始蒙蔽自己的理智。当自信膨胀慢慢加大直至过度时，他甚至放弃了自己的判断和分析，这也导致他在分析市场时出现了偏差，一场不小的灾难正悄然莅临"过于膨胀"的乔治·索罗斯的身边。

乔治·索罗斯是一个非常聪明的人，他懂得从一些细节中挖掘自己需要的信息，这是很重要的能力，他喜欢从看似平淡无奇的谈话中窥得事物的全貌。他明白经济和政治往往有着密不可分的关系，乔治·索罗斯极擅于从一些政客的口中寻找蛛丝马迹，他会从国际政治、世界各地的金融政策以及利率的变化和货币中寻找突破口，从中找到可以获利的行业或者公司进行自己的投资活动。

于是这次德国马克市场的失利拉开帷幕，那是1993年夏天，乔治·索罗斯在英国房地产上大赚一笔后，再次将目光瞄向了德国马克。此前，因为美元贬值，做多德国马克和日元的他狠赚了一笔，他似乎还想在德国马克上做文章。很快，他根据一丝丝外人不易察觉的线索断定德国的经济正逐渐萧条，这将导致德国国内短期利率的下调，而德国马克在这种情况下必然贬值。随后，他给英国《泰晤士报》写了一封信，表述了自己对德国马克的看法。

当他关于德国马克的看法流传到市场上时，或许那时期市场都被乔治·索罗斯1992年的辉煌震慑了，投资者对他的判断抱以很大的信任，德国马克的比价很快从80美分跌到了59美分，这一跌幅比例让量子基金的资产多了4亿美元，索罗斯尝到了甜头。

仅仅一篇报道就能赚大钱，这不禁让乔治·索罗斯更加自信了，他的自我意识无限膨胀，试图用自己的威信左右金融市场的走向继续大赚一笔。或许是他的"救世主"想法在作祟，他想控制经济。有了这次毫不费力的成功，乔治·索罗斯决定来一次更大的手笔。然而这次他忽略了政府的威力，忽略了和一个国家抗衡的难度，当政府不顾一切抑制他左右市场的能力，他失败的结局已经注定，他博弈的好运这次没有到来，上帝没有眷顾他。

索罗斯在预测市场走向时，比较善于发现相关市场的相互联系，这使得他能准确地判断一旦某一市场发生波动，其他相关市场将会发生怎样的连锁反应，以便更好地在多个市场同时获利。

1992年，时德国中央银行的史勒辛格在一次演说中说："……当年总统为了解决经济问题，曾一再提高马克的利率，让马克成为强势的货币。为了维持这种汇率的稳定，英国和意大利都在经济情况不算良好的情况下努力跟进着，但很明显，这对哪个国家都没有好处……"从史勒辛格的演说中乔治·索罗斯得到了一些信息，他觉得意大利里拉会变得越来越脆弱。

随后，乔治·索罗斯与史勒辛格有一次谈话，他询问史勒辛格是否喜欢以欧元作为一种货币。史勒辛格表示，欧元的构想很好，但如果将名称换作马克会好很多。在试探性的谈话中，乔治·索罗斯得到了想要的信息，他立刻抛空意大利里拉，短期内便狂赚了3亿美元。同时他将一批借贷的英镑换成相对强势的马克，再赚10亿美元。这次检验毋庸置疑又成功了，他更加相信自己。

一次次对市场的"有效试验"证明，乔治·索罗斯似乎摸准了市场的脉搏，每每出手都有不同程度的收获，这让他的自信心膨胀到了一个极限。在他看来，似乎自己的判断成了市场发展方向的指挥棒，市场可以被自己"随意改变"，他的自信被疯狂堆积。

1993年6月，乔治·索罗斯进入了对战德国马克的最后阶段。然而，他的举动却不明显，媒体和他的观察者们都不晓得这个金融大鳄要做什么。会不会狙击法郎？当时，法郎的表现不尽人意，人们纷纷揣测乔治·索罗斯或许会出手。

当德国中央银行表示不变更其原来的贴现利率时，乔治·索罗斯极为愤怒，理智已经渐行渐远，他说："这个机制很快就会完蛋！"随后，他向英国路透社表示："如果德国中央银行不变更原本的贴现利率，那么我此前声明的不会破坏汇率机制将不再束缚我……在德国中央银行不顾及其他成员利益之时，我个人所做的努力都没有丝毫意义……"他对自己对金融市场的指导意义深信不疑，企图利用这让金融的脉搏按照自己所想跳动。

不久后，乔治·索罗斯便对外宣布，他打算在德国马克上投资，同时买进美元和日元。在外界询问他如此做的原因时，乔治·索罗斯说："这应该是对德国马克应该持有的态度，德国中央银行的做法已经使得德国的经济逐步处于衰退之中，因此要大量抛售德国马克……德国中央银行所实行的不变更策略实属咎由自取，它本应该降低利率已保证欧洲经济……"

这些言论是否经过理性的分析判断我们不得而知，但是从他的话语来看仿佛没有什么可靠的依据，仅仅是因为气愤的可能性居大。另外1994年年初，乔治·索罗斯的动作更大了，据说他抛空了300亿美元的德国马克。在他看来，德国马克汇率的居高不下一定会促使德国政府为了保护经济而将马克贬值，因而他这次抛售看上去更像是"纯粹的赌博"。

然而，他小看了一个政府的威力，这时候他是否能理性的思考都值得怀疑，摆在乔治·索罗斯面前的事实让他冷汗直冒。德国政府方面出于最周全的考虑，还是决定维持德国中央银行的汇率，这就等于索罗斯与整个德国在对峙，他并不占先机。结果出来了，他败了，乔治·索罗斯的预言不但没能实现，反而大量抛售德国马克的他因此大受损失。这一次，他损失的不仅仅是金钱，还有他的名声和别人对他的崇拜，他遭受了前所未有的质疑，或许，名声越大，质疑声就越大。

看来他并不是一个运气好的投资者。投资不能仅仅靠运气，赌的更多的是自己的聪明和理智。失败和成功，归根到底代表的是过去，吸取经验和教训才是根本，戒骄戒躁，保持清醒，这是正题，也是我们需要从索罗斯这一金融大亨的寒潮中应得到的有价值的事物。

他作为政治多面手忽略了一点，那就是德国的实力比1992年已经强大了许多，这也是导致他在马克上失败的一个原因。他似乎是一个十分相信自己的人，所以有时候"过分"地相信自己的影响力和判断力。

3. 失手于日元

遭遇寒流的乔治·索罗斯动摇了，他开始怀疑自己。在德国马克上的失利给乔治·索罗斯造成的打击极大，然而同样在日元上的失手更令他感到"困惑"——"难道真的如媒体所言，我失去了

‘点石成金的炼金术’？”

日本是亚洲四小龙之一，是亚洲最先与国际接轨的国家，它经济增长的速度极为惊人。在第二次世界大战后，日本呈现出的是一种萧索之态，不过，大多数日本人对生活充满了希望，他们不会沉浸在萧条带来的恐慌之中而无法自拔。很快，一批有识之士在战后迅速崛起，他们以模仿西方的产品设计为基础，而后在批量生产时降低了成本，这使得他们的产品在同类产品中更具竞争力。最终，这些日本生产的价廉物美的“西方产品”反过来将欧美的市场占领了。日本无论是在工业出口的竞争力上还是在财富的积累上，都令其他发达资本主义国家和国际银行家们感到震惊。

进入80年代，日本电子工业的发展日新月异，欧美国家也对日本重视起来。

随着《广场协议》的签订，日元兑换美元利率不断升高，日元升值了。美国银行家们是不会允许这样的事情发生的，所以对日本进行了制裁。乔治·索罗斯认为日元会在兑换美元上下跌，因此他在日元上下了重注。多数投资者都没有把握在日元上投资，但乔治·索罗斯有自己的打算，他确定自己的判断不会像在德国马克上那样失误。

这一次他的判断再次出现偏差，美国总统与日本首相在贸易问题上没有达成一致，双方的谈判最终陷入了一个僵局，这是超出索罗斯预料的。随后，外汇市场上日元兑美元的汇率急速上升，高达5%，索罗斯遭受了巨大的损失。据统计，乔治·索罗斯在抛空德国马克和日元上共计损失达6亿美元。

对于索罗斯来说，6亿美元根本不算什么，因为这时他手中依旧有114亿美元的资本。想要重振雄风是非常容易的事情。他很快就从阴霾中走出，重新向更高的投资努力。

1994年全年对于乔治·索罗斯来说都是极不平静的一年，他在此期间所承受的压力是巨大的。量子基金在这一年只增长了2.9%，很多相信量子基金的人开始怀疑，是不是索罗斯老了？这让乔治·索罗斯也开始思考未来，是不是应该隐退了呢？可是乔治·索罗斯是一个不愿意承认失败的犹太人，他的个性和现实告诉自己不要向困难低头。没有人愿意把失败作为自己的终结篇，他选择了继续出击，他希望自己能够在最辉煌的时候告别。

乔治·索罗斯如愿以偿了，他成功地在墨西哥比索上丰收，进而一雪前耻。墨西哥奉行的是新自由主义经济政策，这令其宏观经济形势得到了改善，经济也相对稳定地增长着。1994年1月1日生效的《北美自由贸易协定》对墨西哥来说，实际上是宣布其遭受"国际金融狙击手"攻击的开端。经济增长和上层建筑的不和谐造成了指导方针的区别，导致国内经济结构失调，政局不稳定。墨西哥为了解决国内出现的各种矛盾，决定寻找解决之法，而随后签订的《北美自由贸易协定》一度被看成是墨西哥改变当时国内政治、经济形势的良方。墨西哥、加拿大、美国取消多数产业部门间的投资限制，白领个人的流动将被放宽。这项协定的签订，使得参与其中的三个国家形成了一个3.6亿消费者，且年国民生产总值超过6亿美元的贸易集团。协议的签订在一定程度上改善了墨西哥国内的经济状况。

墨西哥与美国经济的联系，使得墨西哥比索被高估了，为了盯住美元的汇率，墨西哥政府将比索的价值支撑在一个本国不能承受的位置上。1994年，美国联邦储备基金将利率从起初的3%调高至3.25%，这使得全球的利率水平都有了一定程度的上升，但对墨西哥来说却犹如重磅炸弹一样。墨西哥政府为了维持早前的汇率，将比索的贬值范围扩大到了年贬值4%。不过这样做并没有缓解墨西哥面临的危机，同年4月，墨西哥出现了自1992年以来第一次资本净流出。墨西哥在1994年最后的几个月里，损失了40亿—50亿美元的外汇储备。到了1995年，墨西哥经济全面衰退，国内生产总值下降了6.9%，失业率上升至6.6%。

在这场几乎波及全球的经济危机中，很多国家受到了影响，乔治·索罗斯参与到抛售当地货币者的行列中，在整个危机过程中虽然不是"开路先锋"，但获得的收益是巨大的。乔治·索罗斯曾说过，做一次投资不在于对错，而是当正确的时候收益多少，错误的时候又损失多少。更重要的是，如果是正确的投资，有没有相应地获得最大的收益。

这次的墨西哥危机，乔治·索罗斯是受益者，他的所得收益弥补了很大一部分在德国马克和日元上的损失。他再一次诠释了"生存"。

第六章 扫荡东南亚

1. 转战泰国

英国有句古语："早餐是为起得最早的人准备的。"也就是说，在难以捉摸，让人又爱又恨的股票市场中，机会永远留给那些走在前面的人。

在墨西哥比索上扳回一局的乔治·索罗斯并不满足于已取得的成绩，况且此次取得的成绩还不足以将其在德国马克和日元上"所有的损失"弥补回来。

乔治·索罗斯在等待机会。墨西哥比索危机除了给予墨西哥本身重创之外，东南亚以及中欧地区也受到了严重影响，泰国也在其中。他看中了亚洲，选择了他的目标。

泰国实行"盯住货币汇率"的制度，实质上是盯住美元的汇率。起初，泰国的策略令其受益良多。1984年—1995年，美元的贬值使泰铢的汇率逐步下降，这从另一方面刺激了泰国的出口。泰国实行这一策略的初衷在于发展经济、吸引外资，但令其想不到的是，这一策略却成了泰铢被狙击的"催化剂"。泰国的年国内生产总值以每年超过8%的速度增长着，制造业出口年增长30%，占总出口的比重上升至81%。贸易顺差让泰国成为众人眼中的"亚洲奇迹"。索罗斯的聪明之处在于眼光的敏锐和精准的分析。

1995年起美元的升值令泰铢汇率逐渐升高，这使其出口优势渐渐被削弱，项目的贸易逆差逐渐扩大。1996年的出口增长从1995年的24%降到了3%，账户赤字达到了162亿美元。泰国因为盯住美元汇率，通过贬值的手段来平衡国际收支的方法根本行不通，因此，摆在泰国面前的只有一条路：政府通过实施优惠政策和提高利率来吸引外资，以平衡国际收支。政府救市是每个国家都会最后用出的撒手锏，泰国中央银行允许被发放了许可证的35家外国银行和15家本国银行吸引国外存款或借款。同时，泰国政府批准非泰国居民在泰国商业银行开泰铢账户，进行存款或者借款。

到1996年时，泰国资本项目已基本全面开放。泰国的这种做法，使得短期债务逐步升高，截止到1996年底，泰国701亿美元债务中已有65.2%为短期债务。这对泰国来说实际上是一种隐患。国外资本涌进泰国后，泰国的房地产和股票市场顿时被炒得火热，进而形成了泡沫经济。1993年，国外资本在泰国证券上的投资为30亿美元，次年至1996年，资本额已上升至60亿美元。

为了在盯住美元汇率的前提下回笼资金、抑制资产价格泡沫，泰国中央银行马上采取了更为"过激"的手段——收紧银根，持续提高利率。到1996年，泰国利率已经提高至13.25%，在当时居于亚洲最高水平。截止到1997年，泰国外债已达900亿美元，占国内生产总值的50%。可以说，泰国是在将自己一步步推向深渊——这场金融危机的爆发与泰国"病急乱投医"的政策密切相关。这种提高利率的做法事实上不但没能挽救泰国于水火之中，反而加剧了危机的进程。高利率使得投资和消费都受到了负面影响，商业银行的不良资产数目逐渐增加，企业的债务负担也被日趋加重，这使得这些企业不得不将目光转向国外，以寻求更低的贷款。

泰国在1996年时的贸易逆差相当于其国内生产总值的8.2%，墨西哥在1994年爆发危机时的贸易逆差相当于其国内生产总值的7.8%。换句话说，泰国发生经济危机应该被看作是极为正常的。这令一直观察局势的乔治·索罗斯下定了在整个东南亚地区投资的决心。对于乔治·索罗斯来说，泰国应是首当其冲的，而泰铢无疑是自己首先要抛售的对象。

1997年香港将回归中国，这让泰国认为亚洲的金融中心很快就会移至曼谷，曼谷将毫无疑义地成为第二个香港，那时对泰国来说，经济获得再发展是必然的。

在这种主观臆断的作用下，泰国政府果断地对国外资本敞开了怀抱，希望更多外资涌进泰国，将泰国的经济拉上一个新台阶。果不其然，泰国门户的大开，令大量国外资本进入泰国，泰国的金融业首先尝到了甜头，其获得了大量低息的美元贷款。

随后，泰国国内众多金融机构对房地产等基础产业产生了极大的兴趣，这使得泰国房地产业那一时期获得了疯狂的发展。此时，泰国多数银行将近30%的资金投到了房地产上，这令房地产业的发展渐渐显出了盲目之态。不久，供大于求使得房地产泡沫破灭了，紧随其后的是银行坏账、增多，国际货币基金组织的经济学家莫里斯·戈尔茨坦的预言逐渐变成了事实。这种情况的发生，造成了泰国经济的"全面漏洞"，以房地产业面临的巨大压力为开端，漏洞逐渐大到了难以修复的地步。在这种情况下，乔治·索罗斯整装待发，准备奇袭泰铢，来一场与"英格兰银行式战役"一样出色的狙击战。

在此之前——1993年，乔治·索罗斯曾经有过一次"小试牛刀"。现在来看，他似乎在试探东南亚，以判断自己对局势的预期是否正确。

乔治·索罗斯是一个认定自己的判断正确后就会一往无前的人，但他并不是一个"固执"的人，对他而言，一旦利益无法最大化，那么只能以退为进，等待更好的机会出现。因此，无机可乘的乔治·索罗斯和套头基金的经理们鸣金收兵，等待下一次更好的可以大展拳脚的机会出现。

上天似乎眷顾着乔治·索罗斯，希望他将"英格兰银行式战役"重演。当然，反过来讲或许是上天在惩罚那一时期泰国的"孤芳自赏"。当"负面新闻"纷纷出现之时，泰国依然沉浸在一片歌舞升平之中，完全察觉不到"狙击手"已将枪口瞄准了自己。

相对于印度尼西亚和菲律宾，泰国的金融市场在整个东南亚中是最为开放的，没有更多的管制是可以大展拳脚的有利条件，这也使得资本的输入和流出极为自由。此外，泰铢盯住美元汇率，汇率相对而言比较稳定，投资的风险相对被降低了。同时，泰国早期在房地产和股票市场上呈现出的都是"虚假繁荣"，而后房地产泡沫的破灭令泰国原本较为强势的金融业受到了极大的冲击，承受的压力也是巨大的。因此，泰铢相对而言是最不稳定的，泰国也最容易被攻破。此刻，乔治·索罗斯蓄势待发，准备与泰国打一场激烈的金融大战。

1997年7月2日，泰国在国际热钱的冲击及自身经济濒临崩溃的边缘的情况下，终于放弃了长达13年的盯住美元汇率的制度，开始实行浮动汇率制度，这意味着泰国到了一个任"国际狙击手"宰割的地步，已经没有反抗的余力了。事实上，早在这场危机爆发之前，泰国经济上的诸多漏洞已然表明它要遭受一场经济磨难。无奈，当时的泰国并没有把更多国内人士，或者国外人士的好言相劝放在心上，依旧固执地认为一个国家的力量是不会轻易地被在其看来"无足轻重"的热钱打垮的。关于这一点，每个遭受"国际金融狙击手"重创的国家都曾这样的"自以为是"，在这些国家未爆发危机之前，他们都扬言不会让"投资者"得逞。殊不知，他们所实行的政策已经向"投机者"发出了"信号"——这个国家很薄弱。

对于乔治·索罗斯而言，奇袭泰铢与对战英格兰银行一样，都能"名利双收"。一代投资大师果真名副其实，向世人展示了一场又一场精彩绝伦的"金融大战"。

据索罗斯分析，泰国的外汇储备抵抗国际风险能力非常低。由于泰国经济发展过热，泰国政府也不知道向世界发行了多少泰铢。这些因素使当时泰国的经济面临着严重的威胁，泰国实行的是与美元挂钩的浮动汇率比价1：27。索罗斯认为泰国政府高估了这一汇率比价。于是，他开始跟几家银行签订美元对泰铢的汇率远期协议：1：27左右。接着又依靠自己的量子基金与老虎基金募集资金。

早在1992年，索罗斯已经关注到了泰国金融市场上不理智的行为。但在长达5年多的时间里，索罗斯一直默默地关注这个国家包括整个东南亚国家的动向。他督促自己不断地学习、探索、观察和研究。直到有一天，他看到条件成熟了，达到自己最佳的投资时机才开始动手。这么漫长的等待和付出，如果不具备勤奋努力的精神，是难以做到的。

从索罗斯身上，投资者可以看到果断的性格对一个优秀的投资人的重要性。生活中常常听到有人后悔在某一项投资中自己错失了良机，然而，即使机会再来，他们也未必能够果断出手，所以投资者必须有果断的性格。

2. 狂胜泰铢

1997年，泰国首先表现出经济疲软、出口下降、汇率偏高并维持与美元的固定汇率，这给国际投机资金提供了很好的猎捕机会。泰国自盯住美元汇率开始，就预示着一场不可避免的危机的爆发，这是直接原因。根本原因则是"虚假繁荣"让更多泰国的有识之士看不到自身的弱点，他们庆幸地认为西方经济的衰退与东南亚经济的发展是"更替性"的。这种错误想法的滋生促使他们更为本国经济的大发展而沾沾自喜，从而忽视、甚至"视而不见"显而易见的危机。在索罗斯狙击泰铢前，他对东南亚各国的经济做了深刻的研究，尤其是对泰国的研究更为深入。他发现，虽然东南亚的经济存在着很大的问题，但是货币体系最为薄弱的非泰国莫属。

这对于泰国是危机，但对于乔治·索罗斯来说是一场令人兴奋的胜利之战，索罗斯喜欢这种充满激情和血腥的对战，这场对垒战是乔治·索罗斯投资生涯中的"经典之战"，他的智慧在其中彰显无遗。

泰国被一度繁荣的经济束缚住了思想，所以他们对危机预警的能力非常弱。随着危机的步步逼近，他们也觉得一场暴风雨似乎来袭，可是这时候再行动已经晚了，只能束手就擒。当然，出手极快的乔治·索罗斯从不会给"敌人"休整的机会，1997年1月起，索罗斯向泰国发起了一轮又一轮猛烈的"攻击"。

由于索罗斯曾经因为成功狙击英镑净赚20亿英镑一战成名，这次他很快就筹集了1000亿美元。接着，他在世界范围内收购泰铢。

1997年1月份，乔治·索罗斯和投资商对泰铢进行了抛售，很多跟风者一看到这种情况，都把泰铢当成了被抛售的对象，这种场面盛况空前，竟然引起了当时泰国几个金融机构发生提现挤兑的事件，乔治·索罗斯所期待的"多米诺骨牌效应"慢慢地开始了。

乔治·索罗斯根据泰国中央银行宣布的泰国国内9家财务公司和1家住房贷款公司在资产和流动资金上已存在问题这一消息，认为泰国金融体系很可能会在短时间内出现更为严重的问题，他们的疯狂抛售引发了一系列的大范围抛售。

乔治·索罗斯和国际投资商们趁热打铁，与西方联合冲击基金联合起来，将持有的大量泰铢一举抛售。在这种强烈的冲击下，泰铢一落千丈。泰国中央银行不得不采取更有力的措施来保护泰铢的价值了，可是收效不是很好。同年5月，泰铢再次遭到大规模的抛售，这促使泰铢的汇率大幅下跌，最低时达1美元兑26.7泰铢。泰铢大幅下跌，股指由年初的1200多点跌至551点，泰国中央银行不能坐以待毙。泰国中央银行决定倾力与乔治·索罗斯为首的国际投资商打一场"自卫反击战"，意在首先将乔治·索罗斯的气焰挫低，使其不再率领更多的投资商在泰铢上做文章，同时促使"跟风"行为逐步消减。

泰国中央银行与新加坡结成了同盟，动用了120亿美元的资金买进市场上被抛售的泰铢。乔治·索罗斯等投资商并没有更多的泰铢，他们一面向市场抛售之前买进的泰铢，一面向泰国银行筹借泰铢进行抛售。泰国此举的目的，便是令投资商的投资成本增高，令其知难而退。因为利率的提高，利息成本的加大，乔治·索罗斯等投资商算是被泰国中央银行打了个措手不及，损失了3亿美元。不过区区3亿美元对于庞大的索罗斯大军来说不值一提，根本伤不了他们的元气。乔治·索罗斯知道这一切只是泰国银行的困兽之斗。

乔治·索罗斯早已想好了办法，他准备一举击中泰铢。1997年7月，乔治·索罗斯第二轮更为猛烈的进攻开始了，东南亚的金融市场上再次狼烟四起，泰铢被抛售得更厉害了。数十亿美元的资本在他手中游来游去，顷刻间聚拢，顷刻间分散，轻松驾驭这场战争。更重要的是，他在其中展现出的奇袭手法是令人叹为观止的。

泰国上下一片混乱，各交易所人满为患。乔治·索罗斯大棒一挥，趁着骚乱将攻击力度变得更加猛烈。泰国节节败退之势越发明显，泰铢与美元的兑换比率也创下新低。

为了稳定民心和市场，泰国总理差厄利发表了公开讲话："泰铢绝对不会贬值，我们要让那些投机分子倾家荡产！"为将泰铢的价值稳定在一定的范围内，在乔治·索罗斯等投资商抛售期间，泰国中央银行已经将300亿美元的外汇储备花光。

如果泰国政府要保持泰铢对美元的汇率，就必须保证索罗斯集团向市场抛多少，他们就能收购多少，但是泰国央行只有区区的300亿美元，仅过半个月泰国政府弹尽粮绝，正式向世界宣布美元对泰铢的汇率比价为1：54。就这样，泰铢兑换美元跌了一半。市场上的美元兑换泰铢的汇率是1：54，而索罗斯与几家银行签订的美元兑换泰铢汇率比价是1：27。索罗斯集团几乎赚了一半。

1997年7月2日，泰国政府终于敌不过乔治·索罗斯等投资商的狂轰滥炸，宣布放弃长达13年的泰铢盯住美元汇率的制度，实行浮动汇率制度。泰铢的疲软促使民众随大势抛售泰铢而抢购强势美元，这使泰铢面临的压力进一步增大。这样的消息对于泰国广大民众来说犹如晴天霹雳，因为他们第二天早上起床时发现他们突然间穷了很多。泰国国内大批公司倒闭，裁员甚为严重，失业人数陡增，物价大幅上涨，泰国民众的生活水平急速下降。浮动汇率制度的实施立即使泰铢兑美元的汇率下降18%，其购买力随之下降了1/5。泰国政府鉴于本国金融市场的混乱，宣布关闭50家金融机构。

当然，泰国房地产泡沫的破灭导致了它经济的不堪重负，但更重要的一个原因还是它盯住美元汇率。如果美元停留在一个相对低的位置，那么泰国经济亦会处于一个相对稳定的环境中。但美元的升值并不会顾及泰国的"感受"，这令泰国出口急剧下降，面临的压力自然更大了。

泰国民众甚至感觉世界末日即将到来，泰国的银行门前都排起了长队，人们要将自己能取走的钱全部取走。同时，各个商业网点也挤满了人，人们抢购一切能买到的东西，洗衣粉、手纸、大米等。9月，负面效应依旧在持续着，外汇市场仍然低迷，经济也一直处于全面崩溃的边缘。10月19日，临危受命的泰国财政部长他农·比达亚辞职。

泰国经济危机给泰国民众的影响是深远的，据一些泰国人称："此前我们似乎很有钱，甚至每个人都准备去买奔驰……很多人喜欢德国奔驰、海滨别墅、法国XO，我们也像美国人一样，打算到欧洲去旅行，将孩子送到环境更好的私立学校……或者毫不夸张地说，当你在街上碰到一个乡下主妇的时候，她都极有可能是股票市场上的老手……那时的钱来得有些太容易了……"危机爆发之后，他们买不了车了，或者贷款买的新车被警察拖走了；他们也无法到欧洲去旅行了，因为失业在困扰着他们；他们的孩子也只能从私立学校转到公立学校，他们实在支付不起高昂的学费。

1997年7月25日，中国、中国香港特别行政区及日本、加拿大、马来西亚、印度尼西亚、韩国和新西兰等11个亚太地区的中央银行和金融机构的高层领导在中国上海召开了会议，针对货币危机方面的问题展开了讨论，并将给予相关国家相应的援助。这一会议的召开对于泰国来说犹如一支强心剂，起码让泰国觉得它并不是孤军奋战。1997年8月11日，为援助资金极为短缺的泰国，并挽救其经济，国际货币基金组织主持召开了世界十几个国家中央银行行长在日本东京参加的会议。会议决定，国际货币基金组织和亚洲相关国家和地区提供给泰国160亿美元的资金。中国和中国香港表示各自承担10亿美元的贷款。

乔治·索罗斯有自己的对策，当攻击的目标选中了最羸弱的泰国后，再向印度尼西亚、马来西亚这些实力相对薄弱的国家挺进，然后攻击新加坡、韩国及中国台湾，最后进逼中国香港。他想告诉世界，"国际金融狙击手"是无坚不摧的。

在狙击泰铢中，乔治·索罗斯胆识过人，果断地建仓、抛售，融资和做外汇市场，哪个方面他都是手到擒来。在他与泰国的抗衡中，量子基金是他最强大的后盾，当然也与他有着丰富的工作经验相关，他欧洲的经历是他一生的投资积淀。

在泰铢狙击战中，乔治·索罗斯所应用的策略十分高明，他除了表现出高超的技巧外还拥有过人的胆识。乔治·索罗斯的胆识并不是一般的"胆识"，他认定的一点永远是：在选择正确的情况下将利益最大化。这也是他成功的一个重要因素。

3. 亚洲危机

一场杀伤力极大、波及范围极广的危机渐渐平息了。危机给泰国政治、经济等各个方面造成了巨大影响，对泰国民众的伤害也是巨大的。当然，这场以泰国为开端的危机并未止步于此，它只是索罗斯踏入亚洲的一个触角，它带着一股血腥向整个东南亚袭来。这标志着一场更加腥风血雨的金融大战会在乔治·索罗斯和其他东南亚国家之间爆发。

从1997年1月起，以乔治·索罗斯为首的"国际金融狙击手"开始向东南亚的金融市场发起攻击。首先，他们大量抛售泰铢，而后买进美元。这种狂轰滥炸，使得泰铢直线下跌，这些国际投资商的目的很明显，先将整个东南亚的金融市场搅乱，之后在更多跟风的投资者参与其中之时狠赚一笔。东南亚市场乱了。

索罗斯集团又用同样的手法狙击了印尼、马来西亚、菲律宾、新加坡、中国香港，还有日本、韩国。但是日韩、新加坡这些国家的损失没有像前几个国家和地区损失那么大，这与这几个国家的经济实力以及国民的素质有很大关系。但从这场以袭击泰铢为导火线的东南亚金融危机中，人们看到了索罗斯的厉害，也看到了他的盈利法则就是专门攻击弱者，这样才能稳操胜券。乔治·索罗斯不是一般的投资者，他有自己极为独特的方式。他对市场十分敏感，往往能根据轻微的变化窥见不久的将来会发生的大事件。

乔治·索罗斯没有放弃自己的梦想，他乘胜追击，使这股索罗斯风暴刮向了整个东南亚。以泰国为整个东南亚危机突破口的初战告捷，让乔治·索罗斯看上去是那样的自信。在他看来，击败泰铢，就意味着将原本密不透风的口袋撕开了一个"洞"，随后要做的，就是从这个"洞"中拿出更多的钱。

乔治·索罗斯最早踏足东南亚是在1993年，被低估的马来西亚货币林吉特映入乔治·索罗斯的眼帘，他觉得低币值的林吉特定会看涨，所以联合其套头基金的经理人，对林吉特开始了围剿。马来西亚总理力保低币值的林吉特，最终迫使乔治·索罗斯全线撤退。

1997年，这一年整个亚洲都处于危机之中，自泰国开始，而后波及整个东南亚的经济危机令整个世界都为之震撼。从那时起，东南亚多国和地区的股市、汇市相继暴跌，金融系统遭受了极大的破坏。后续危机在1997年7月至1998年年初的半年时间内就使得东南亚多数国家和地区货币贬值幅度在30%—50%之间，这似乎是前所未有的一个区间。而发生在印度尼西亚的危机更是令人咋舌，印尼盾在此期间贬值高达70%，堪称那一时期的"峰值"。

泰国爆发经济危机的根本原因在于盯住美元汇率，且在经济过热的情况下并没有出台有效的保护措施，所以客观地说，这场危机是市场对泰国和投资者的双重考验，很遗憾，泰国没能通过"测试"。

泰国金融危机在相当长的一段时间内继续着残余影响，似乎要将整个东南亚吞入口中。可以说，那时东南亚地区每个国家和地区都未能幸免，区别只在于所受影响的程度，它带给了整个东南亚灾难。当泰国等东盟国家遭受危机余威的洗礼之时，中国台湾和香港也不可避免地被卷入其中。

台币的贬值可以说是此次经济危机的第二波巨浪。随着台币的贬值，台湾股市一路下跌。1997年10月，台币币值创下10年来新低——1美元兑29.5元台币，台币贬值0.98元。与此同时，台湾股市下跌165.55点。几天后，台币再次遭"贬"，1美元兑30.45元台币，股市同期下跌至301.67点。

台币的贬值、股市的下跌标志着东南亚经济危机的进一步加剧，如此境况使得熊市很可能侵袭整个亚洲。很快，进一步下挫的台币价值和股市证明了"市场的预测"，不但整个亚洲逐步走向深渊，就连美国股市都受到了一定程度的影响。1997年10月27日，美国道·琼斯指数下跌554.26点，这令纽约证券交易所暂停交易。次日，日本股市下跌4.4%，马来西亚股市下跌6.7%，韩国股市下跌6.6%，新加坡股市下跌7.6%，泰国股市下跌6.3%。即便在危机后期表现得极为强悍的香港，股市也受到了重创，香港恒生指数于10月21日下跌765.33点，10月27日下跌了1200点，次日再跌1400点。股市如此低迷的情况是当时香港前几年间不曾有过的，而10月21日、10月27日和10月28日3天股市跌幅累计超过25%，这一点，更是令香港感到震惊。

不管是台币的贬值、台湾股市的下跌还是香港股市的受挫，实际上只是一个"开始"，以此为开端，乔治·索罗斯将手慢慢伸向了整个亚洲。

如果说台湾和香港承袭了危机余威的第二波巨浪，韩元的贬值便是更为猛烈的第三波巨浪。至此似乎可以说，泰国经济危机的余威甚至算不上真正的余威，因为在此期间东南亚各国家和地区遭受的损失累计起来已经远远超过了泰国的损失。

1997年11月下旬，韩国开始遭受危机余威的影响，股市、汇市连番暴跌，市民开始恐慌，韩元也在11月走低。11月20日，似乎在没有任何"预警"之下，开市半小时内韩元便下挫10%，1美元兑1139韩元，创下历史新低。至11月底，韩元兑美元汇价跌幅30%，同时韩国股市也随之走低，跌幅超过20%。

在韩国忙于应对自身面临的危机之时，邻居日本也被"殃及"。1997年11月，日本数家银行和证券公司濒临破产，甚至直接倒闭，日元承受着巨大的贬值压力，跌至1美元兑130日元，在短短的10个月内，日元跌幅达17.03%。亚洲多个国家遭受危机的洗礼令原本走俏的亚洲经济不再明朗，熊市的到来给亚洲蒙上了一层暗影，更多的人看着股市的一步步下挫心如刀割一般。然而，即便亚洲已呈现出了疲态，熊市依旧不愿离去，似乎要扎根于亚洲，随后印尼盾的贬值使得第四波巨浪"如约而至"。

1998年1月，印尼盾兑美元汇价跌幅26%，而后期下跌的70%堪称此时"之最"。在印尼盾暴跌，随后引发的股市大幅下跌后，香港百富勤投资公司因为此前在印度尼西亚证券市场从事巨额投资业务，未能幸免于难，在巨大的不利浪潮冲击下宣布清盘。与此同时，香港恒生指数下跌773.58点，同期中国台湾、新加坡和日本股市相继下跌362点、102.88点和330.66点。这时已经有更多被牵涉其中的企业，所受损失是难以估计的，局面也越来越不可控。

东南亚各国和地区货币的贬值，使得外资纷纷撤离，以图寻找更稳定的投资环境，这在一定程度上加剧了各国和地区的通货膨胀，由此，整个东南亚都处在一片焦躁不安和恐慌的氛围之中。

东南亚多数国家和地区受到危机波及，这是当时这些国家根本想不到的。新加坡货币一向有"避难货币"之称，但也难挡来势汹汹的大熊市。虽然新加坡采取了如拉高利率等维持货币汇率的措施，但呈席卷之势的危机依旧令其兑美元的汇率持续下跌。

亚洲经济在这诸多不利因素的影响下，呈现出疲态便是情理之中之事了。更令人感觉岌岌可危的是，这场起初规模不大，但影响了整个亚洲的经济危机，会因此而对东南亚新兴国家造成影响。对此，德国中央银行亚太处首席经济学家表示："事实上，我们所看到的这一切只是一个开端，它只是烟花燃放前的几个鞭炮罢了。如果这种情况持续下去，那么以泰铢贬值为起点，亚洲和东欧，甚至是拉丁美洲都不可避免地会遭到极大的冲击。"

就当时亚洲国家来说，日本的经济实力是相对强悍的，所以它在那一时期试图以一己之力扑灭这场"金融大火"。日本人的精明告诉它们，亚洲虽然爆发了经济危机，但根源仍在泰国。随后，日本向泰国提供了10亿美元用于稳定泰铢，接着，东京方面促使亚洲开发银行也行动起来，一起为救市打一场攻坚战。很快，新加坡、中国香港等也加入了救市行列，它们清楚，救市等于救自己。

对于亚洲经济危机缘何爆发，很多人都一头雾水，因为他们依旧设想着经济正在腾飞的亚洲会给世界展现怎样一幅宏伟的蓝图。殊不知，蓝图没有展现出来，迎来的却是一场灾难。有人分析，亚洲之所以爆发经济危机，主要是因为房地产危机、进口增加、经济结构不合理和工业投资过多。这样的原因"似曾相识"。的确，泰国经济危机爆发的内在原因与此极为相近，尤其在房地产上表现得极为突出。

印度尼西亚、菲律宾和马来西亚等东南亚国家与此十分相似，这些国家的政府为了保存此前的果实，只能从国际上借债。不过，外资并不是治本之法，一旦爆发危机，它带来的压力反而更大。同时，利率的提高意在保护本国货币，但这又在另一方面制约了国内经济的发展，这种巨大的漏洞正是乔治·索罗斯等国际投资商看中的。

亚洲经济的不明朗也渗透着这些原因，乔治·索罗斯此时盯住的是有"购物天堂"之称的香港，他积极准备着，打算与香港特区政府打一场不亚于"打垮英格兰银行"的战役，这也是更为惨烈的一场战役。

但在此之前，乔治·索罗斯还是准备"小试牛刀"，他选中的是东南亚最大的国家——印度尼西亚。

在货币市场上，如果一种货币不稳定，或者被估高，或者被低估，那么它很容易受到攻击，印尼盾当时便是这样一种货币。因为汇率被估高，所以自1997年7月开始印尼盾一直受到相当数量资金的冲击。鉴于这种情况，印度尼西亚政府曾将印尼盾的汇率变更，但这并没有阻止投资者对它的攻击。

同年8月14日，因为遭受的冲击越来越大，印度尼西亚政府宣布印尼盾自由浮动，这一消息的流出，令印尼盾的汇率如爆发的山洪一般，由8月13日的1美元兑2637.5印尼盾，跌至1美元兑2787.5印尼盾，次日跌至历史最低点——1美元兑2960印尼盾。

随着印尼盾的贬值，印度尼西亚国内民众纷纷跟风抛售印尼盾而抢购强势美元。从1997年年初至8月20日，印尼盾贬值达23%，贬值幅度堪比泰铢。印尼盾的贬值，给印度尼西亚国内经济带来了巨大的影响，其中尤以制造业成本加大表现最为突出。制造业成本增加带来的是汽车、计算机等产品的价格大幅上升，建筑材料也一度涨价，业内人士称："货币的贬值，物价的上涨，将会使预计的通货膨胀率由原来的6%以下上升至8%以上。"

在印尼盾前景堪忧之时，菲律宾比索被投资者抓住了"痛点"。虽然菲律宾政府曾经连续4次加息力保菲律宾比索，但其兑美元的汇率依旧没有上升的迹象，乔治·索罗斯率领的大军犹如"洪水猛兽一般"，令菲律宾比索"闻风丧胆"。1997年7月11日，菲律宾政府宣布比索可以在一个相对广阔的区间浮动，这意味着菲律宾政府对比索采取了自由浮动制。一时间，比索跌到了前所未有的低谷。

乔治·索罗斯没有停止他追击的步伐，趁热打铁，将战场转到了马来西亚。马来西亚林吉特早在1993年便与乔治·索罗斯有过一次交锋，虽然乔治·索罗斯的攻势较为猛烈，但坚持维持低币值林吉特的马来西亚总理马哈蒂尔并不就范，面对乔治·索罗斯大军他毅然决定坚守阵地。最终，乔治·索罗斯未能在林吉特上得手。

然而乔治·索罗斯已今非昔比，或者说东南亚的经济不比从前，马来西亚中央银行虽然拉高沽空林吉特的成本以期望乔治·索罗斯等人退却，但收到的效果不尽如人意，马来西亚的防守线轻易地就被乔治·索罗斯等国际投资商冲破了。同年7月14日，林吉特从1美元兑2.5林吉特跌至1美元兑2.765林吉特，次日跌至2.825林吉特。

在乔治·索罗斯强悍的打压政策下，众多东南亚国家和地区纷纷竖起白旗，逐渐放弃了对本国和地区货币支持的政策，这使得国际投资商更加肆无忌惮，让投资商对整个亚洲的围剿步步为营。更令人吃惊的是，在这种东南亚，甚至整个亚洲的经济都岌岌可危的情况下，我国台湾当局却于1997年10月17日宣布新台币贬值，这使得整个亚洲的经济都受到了再冲击。

台湾当时的外汇储备相对充足，经济项目也有较大的盈利空间，但其在有能力保住新台币价值的情况下主动贬值新台币，此举实在令人费解。在台湾当局宣布新台币贬值的当日，1美元兑29.5新台币，此为10年来的最低水平。

从经济上说，台湾贬值台币是为躲避竞争贬值带来的不利影响；从政治上讲，此等表现便是"别有用心"了。新台币的贬值令其"躲过"了乔治·索罗斯等国际投资商的狙击，但它却将香港"推向"了泥潭。从这个角度说，台湾似乎有意孤立香港。

乔治·索罗斯以此为契机，和国际投资商很快便对港币发起了4次猛烈的攻击，港币一时间处于风雨摇曳之中。

自1997年10月20日开始，香港股市大幅下跌，恒生指数前后共计跌去3000点，两日后，香港股市曾两度跌破10000点大关，跌幅达10.4%。同时，欧美股市和亚太股市也遭受了相当程度的影响。

10月27日，不单是亚洲，全球股市都受到了影响。各地主要股票指数最高跌幅达15%，美国道·琼斯指数暴跌554.26点，创下日跌最高点数。香港股市的下跌影响了周边地区，而后蔓延至全球，反过来，全球股市的走低又作用于香港，使得其恒生指数再次下挫，跌幅达13.7%，最低点数为8775.88点。

虽然亚洲经济承受着巨大的压力，但经过一段时间的调整后，有了很大的改变，回升幅度出人意料地大，同时人们因为对世界经济形势依旧看好，这种热度令股市也渐渐回暖。然而，这种良好状况并未持续更长时间，韩国经济的大萧条令刚刚出现生机的东南亚再次惨遭"雪崩"。转瞬间，拉美地区也被殃及。

很多人认为索罗斯是一个投机家，是一个只认钱的家伙，其实这都是对他的误解。索罗斯承认自己是"研究泡沫的专家"，但他不承认他是"亚洲金融危机的纵火犯"。他在接受凤凰卫视《名人面对面》主持人许戈辉的专访时，坚称："事实上，是马来西亚、泰国政府犯的错误，我只是遇到了机遇。他们指责像我这样的人是投机商，但是，是他们把货币保持在错误的价值上。"索罗斯还坚持认为，"我们都是根据良心、根据游戏规则来运作的。"他说他的梦想是成为思想家，而不是投资者，"对我来说，为世界留下思想比留下财富更重要。"

4. 索罗斯狂潮

乔治·索罗斯让世界震惊了，因为没有人能够超越他，他就是华尔街的投资之神。他用自己的聪明才智点燃了东南亚的金融风暴，并席卷所有国家。索罗斯飓风配合着东南亚经济危机肆虐多个国家，击败了一个个国家的货币，击溃了一个个国家的股市、汇市，这其中，韩国受到打击无疑是沉重的。

索罗斯20世纪90年代在东南亚金融危机上的突出表现，基本上都在遵守"森林法则"。这让他对基础薄弱的货币屡屡发起攻击，并屡屡得手。他认为，炒作就像动物世界的森林法则，专门攻击弱者，这样才能百发百中，才能赚到更多的钱。归纳索罗斯的"森林法则"，一共有4个特点：耐心等待时机出现；专挑弱者攻击；进攻时须狠、须全力而为；若事情不如意料时，保命是第一考虑。

日本受到这次冲击后出现了泡沫经济，经济的发展受到了很大的冲击，股市低迷、房地产业前景堪忧，银行死账与日俱增。

泰国经济危机引发的东南亚经济危机随着时间的推移，产生的影响令世界震惊，美国、英国和日本的股市都陷入了这场巨大的风暴之中，其到底会造成多大的影响还未可知，唯一确定的一点是，这场风暴仍在持续之中，索罗斯让整个世界震撼了。

拉美地区在这场危机中也受了极大的影响，巴西证券市场和阿根廷都受到了冲击，股市一路下跌，拉美最大的圣保罗证券交易所指数下跌15%，这等同于道·琼斯指数下挫1200点。1997年7月17日，希腊货币德拉克马给希腊政府带来了麻烦，这令其不得不拿出8亿美元来稳定德拉克马的汇率，因为国际投资商纷纷打赌德拉克马会贬值。两天后，中欧国家捷克共和国迫于无奈宣布浮动汇率。

1997年伊始，韩国爆发的大罢工令其焦头烂额，紧接着，韩宝集团拒付巨额票据丑闻曝出，日元的贬值令韩国出口受到极大的影响。在出口不力的情况下，韩国国内众多公司的倒闭拉开了危机的序幕。韩国第8大企业起亚集团因10亿韩元的外债而成为银行资助的对象。除此之外，韩兴、代龙等集团要么因破产倒闭，要么成为政府的援助对象。韩元的下挫加剧了股市的低迷，1美元兑1000韩元的事实证明韩国股票综合指数已跌至500点以下。无奈之下，韩国于1997年12月3日与国际货币基金组织签署了援助协议，这一天被众多韩国民众称为"不亚于国耻日的日子"。

危机是可怕的，这次巨大的经济危机中并未受太多影响的美国开始表态。美国联邦储备委员会主席格林斯潘声明会帮助受影响的国家。美国之所以愿意帮助这些受影响的国家，实际上是护己。金融危机虽然爆发于东南亚，但如果一直持续下去的话，那么势必会影响美国对东南亚国家的产品和服务输出，美国将在"反作用力"的情况下遭受经济威胁。

到1997年11月中旬，东南亚危机总算趋于平缓了，这场危机给东南亚各国造成的损失不可估计。马来西亚总理马哈蒂尔曾说："那个该死的乔治·索罗斯使得马来西亚近40年在经济上取得的成果付之一炬，我们花了这么长时间建立起来的经济体系被这个带着很多钱的白痴顷刻间搞垮了！"马来西亚在这场经济危机中损失近40亿美元外汇储备。那么乔治·索罗斯从此次经济危机中收益多少呢？

量子基金并不是"常胜将军"，虽然从出现以来一直业绩骄人，可是1996年美国道·琼斯指数上升22个百分点，量子基金反而全年亏损1.5个百分点，这令在量子基金中投入巨资的投资者十分失望，相比华尔街那些不知名的基金，声名显赫的量子基金的战绩实在惨淡。至1997年上半年，量子基金虽然上升了14个百分点，但与道·琼斯指数20.6个百分点相比仍不占优势，这让量子基金的投资者不免觉得与其投资在量子基金，不如转投美国的蓝筹股。

乔治·索罗斯信心百倍，他要让那些相信他和不信他的人都另眼相看，他开始寻找可让量子基金如在"狙击英镑"中取得喜人成绩和名声的机会，很幸运，乔治·索罗斯找到了东南亚。接着，一场惊心动魄的泰铢狙击战打响了，而此后东南亚危机又为其积累了巨额财富，这就是这场战役的隐性原因。

东南亚经济带来的影响极其深远，有的人将这一切归于乔治·索罗斯等国际投资商身上，但辩证地说，如果东南亚诸多国家和地区经济上无漏洞，乔治·索罗斯如何能抓住机会呢？如果说是乔治·索罗斯一手造成了东南亚经济危机，倒不如说是东南亚自己泥足深陷。他本人的财富计算起来，或许会超过一般国家的外汇储备，甚至说某一个国家的国民生产总值都比不上乔治·索罗斯个人的财力雄厚。

据统计，量子基金从1997年6月底至7月底，在14个百分点的基础上再度上扬，几乎将此前的盈利翻了一番，量子基金的总资产已达170亿美元。在经济危机之前量子基金的资产为150亿美元，东南亚一战让它卷走了20亿美元，乔治·索罗斯大获全胜。

在金融市场上，乔治·索罗斯在众人眼中一向是一个独来独往的"金融黑客"，从狙击英镑，到巷战德国马克，从痛"贬"墨西哥比索再到奇袭泰铢，他俨然成了金融界的神话。他成为可以对抗一个国家的人。索罗斯成功的秘密在哪里呢？

量子基金的资本还不足以为乔治·索罗斯的每一场大战供给充足的弹药，他的成功在于他有自己的秘密"武器"。量子基金的注册地位于加勒比海的荷兰属地安地列斯群岛的"避税圣地"克拉考，将横扫金融市场的量子基金在此注册不但可隐藏基金的主要投资人，而且还可以模糊资金调度痕迹，因为那里是贩毒洗钱中心，所以有人说索罗斯的钱是不干净的。

乔治·索罗斯也有一个堪称一流的"关系网"。当时美国证券法规定对冲基金中的投资人不得超过99名美国公民，因此乔治·索罗斯大费了一番周折总算符合了这一要求。量子基金的99名投资人都是富翁级人物，他们的身份、背景非同一般。理查德·凯兹，量子基金董事，他是英国伦敦罗斯柴尔德银行的董事，同时也是该家族意大利米兰银行的总裁；尼斯·陶布，量子基金董事，他是罗斯柴尔德家族运作的银行——伦敦银行的合伙人；威廉里斯·莫格，量子基金董事，他是《伦敦时报》的专栏评论家，同时也是罗斯柴尔德家族的合伙人；德加·皮西托，量子基金董事，他被称为是"日内瓦最聪明的银行家"。乔治·索罗斯为了"避嫌"，并不在量子基金中担任董事，他只是以一个"投资顾问"的身份参与其中。乔治·索罗斯此举的目的在于，如果美国政府要求他提供该基金的运作情况和细节，那么他便可以以"投资顾问"的身份来"搪塞"。

瑞士著名的投机商马克·里奇、特尔艾维，以及以色列情报部军火商沙尔艾森堡，他们也在帮助索罗斯。在这些"后台"中，罗斯柴尔德家族无疑是其真正的"后台"。这个在全世界范围内都举足轻重的家族就是索罗斯最大的靠山。有如此实力强劲的"后台"，乔治·索罗斯在横扫世界金融市场时表现得自信满满，庞大的资金来源至此也算有了出处。

东南亚经济危机对于东南亚的国家和地区甚至亚洲来说都是一个不可磨灭的印记，对于乔治·索罗斯等国际投资商来说，也是一个令自己的事业蒸蒸日上的跳板。拥有强悍"后台"的乔治·索罗斯，再加上他搜寻到了东南亚的经济漏洞，因而这场战事从一开始优势便被乔治·索罗斯占尽，毫不夸张地说，这场危机的爆发是必然的，即便没有乔治·索罗斯，也会有一个类似的人物出现来充当"金融大鳄"。有人称索罗斯为"金融大鳄"、"一只假寐的狼"、"金融杀手"、"魔鬼"等，因为他总是在金融市场上兴风作浪，搜刮了成千上万人的钱包，让他们一夜之间就一贫如洗。也有人认为他这么做不道德，扰乱了金融市场。

乔治·索罗斯在这场危机到来之后，紧盯着东南亚和亚洲时局，在他看来，危机中的生机并不仅存于激烈的厮杀中，当局势趋于"相对平稳"时，获利的机会或许更大，这一点被乔治·索罗斯看得一清二楚。当泰国经济危机的余威正如火如荼肆虐东南亚之时，乔治·索罗斯将枪口瞄向了"购物天堂"香港。1997年香港回归之际，乔治·索罗斯准备再掀巨浪。

索罗斯认为："在金融运作方面，说不上道德还是不道德，这就是一种操作。金融市场不属于道德范畴的，它不是不道德的，道德根本就不存在于这里，因为它有自己的游戏规则。我是金融市场的参与者，我会按照自己的规则来玩这个游戏，我不会违反这些规则，所以我不觉得内疚或要负责任。"

第七章 香港「保卫战」

1. 大鳄攻击香港

索罗斯做了如此多准备，最终将目标瞄准了香港。他事先预测到如果他率先对香港外汇市场发动攻击将引起连锁反应，国际投机家在各个市场上立体布局，一方面在各个市场加大赌注，为投机推波助澜；另一方面，一旦投机成功即可全面丰收，为承受的投机风险匹配高收益。

香港回归前，它是最好的"提款机"，是很多投资商青睐的对象。当时乔治·索罗斯就已经把目光放在了"亚洲四小龙"之一的香港上。他在1996年上半年，便开始秘密地、持续地买进香港股票。这一举措令香港恒生指数一路高升，香港民众也一路尾随，截止到1997年上半年，恒生指数已飙升至16000点的历史高点。

1997年是香港回归之年，整个中国都沉浸在一片喜悦之中。这种喜悦情绪也感染了股市，东南亚经济危机对香港造成的威胁不大，股市的看涨似乎恰好能反映民众的高涨心情。事实上，恒指的攀升便是乔治·索罗斯在1996年上半年对港股的买进所致。

香港金融管理局作为行使中央银行职能的机构，隐约发觉了这股似乎试图搅乱市场的"暗流"要在香港回归之际"兴风作浪"，因此提高了警惕，密切注视着这股"暗流"。

随着香港回归期限的临近，乔治·索罗斯的动作大了起来，他联合几家大型的基金开始有计划地在股票高位出货。他的策略是：通过沽空港元，扯高利率，以促使恒生指数看低，这时他手中持有的期指沽单便会盈利。

1997年8月，乔治·索罗斯带着大军正式进入了香港汇市。首先，他们利用金融期货手段通过3至6个月的期货合约买进港元继而马上抛空。这一突如其来的抛空令港元顿时下跌至1美元兑7.75港元的关口。香港金融管理局，清楚这是投资者作祟，立即采取了行动。在香港金融管理局的介入下，8月20日的港市慢慢平稳下来，第一波投资者空手离去。

局势暂时稳定了，但国际投资商是不会善罢甘休的。果然，乔治·索罗斯很快于1997年10月、1998年1月、5月和8月对港市发起了4轮更猛烈的攻击。

1997年10月20日对于美国华尔街来说是难以忘怀的一天——"黑色星期一"10周年纪念日。1987年10月20日，华尔街股市令众多股民的生存、甚至生命都遭受了威胁，而1997年的这一天依旧令投资分析家们深感不安，他们怕历史重演。而事实证明，他们担心的并没有发生。

相比华尔街股市的平稳，港市显然要波涛汹涌得多，乔治·索罗斯的进攻令香港金融管理局陷入了困境。乔治·索罗斯在东南亚市场上可以说到了"呼风唤雨"的地步，繁荣的大中华圈进入他的视野之后他定然不会放过。面对香港，乔治·索罗斯显得极为谨慎，他知道自己不能操之过急。此前，他曾策划了一场突击战，虽然收效甚微，但起码他心里已经有了定夺，有了可以攻击的方向。

　　1997年10月17日，在完全有能力捍卫新台币的情况下台湾当局却突然宣布新台币贬值，这对台湾来说是一个打击，对香港来说更是！受新台币贬值影响，港市开始下跌，引起了一片恐慌。香港财政司司长曾荫权表示："我不认为这是股灾，股市的下跌只是受到了外围投机者暂时的影响所致，香港的经济状况是良好的。此前虽然有港元炒卖活动，但此事已经平息了，香港特区政府一定会捍卫港元汇率。"与此同时，香港金融管理局总裁任志刚也表示，此前的确有炒卖港元的炒家，但当局已经将其击退。

　　在香港金融管理局的干预下，加上港市内投资者信心的大增，10月24日，香港恒生指数急速回升。10月27日，曾荫权再次表示，损失的只能是投机者，香港实行的联系汇率制度是不会变更的。

　　香港实行联系汇率制度始于1983年10月，是中英双方就香港主权问题而产生的，当时香港、英国政府宣布港元与美元挂钩。此后的十几年中，香港经济运行良好，港元极为坚挺，联系汇率制度是功不可没的。所以，保证它的确定性是那一时期香港特区政府的头等大事。

　　曾荫权和任志刚虽然出面表示港市平稳，意在加强投资者的信心，但在乔治·索罗斯第一波攻击下香港股市并不像他们所述那样，亏损一半以上的大有人在，但他们保护香港市民的决心非常强大，所以也做了能够做到的努力。

　　第一轮巨浪给香港带来的冲击实际并不大，但香港金融管理局在此次交锋中损失不小。乔治·索罗斯在初战中未能获取太多利益，但在港市下跌中却卷走了部分资本，可谓略有盈余，这激起了他再战香港的决心。

1998年1月，乔治·索罗斯卷土重来。香港面临着比上一次更严峻的形势。此时，在东南亚国家泰国证券市场投资的百富勤投资公司宣布清盘，香港股市再度受挫。恐慌的市场令香港金融管理局不得不减低拆息率。香港虽然在两次强烈的冲击中守住了证券市场、利息市场和汇市，得以保全联系汇率制度，但付出的代价相当巨大。

联系汇率制度是乔治·索罗斯等国际投资商的目标，只要击溃它，那么港市将全线崩溃。在他们看来，香港只守得住一时。国际经济学家，甚至香港经济学家都开始不安起来，他们想知道香港特区政府能否在保全联系汇率制度的前提下稳住香港金融市场，也对香港花如此高的代价来保全联系汇率制度表示怀疑。

外界纷纷表示香港持续的高利率会加重"危机"的进程，保护港元反而付出更大的代价。但香港特区政府不认同这种说法，毅然决定要死守阵地。

此时的乔治·索罗斯正在积极地部署着下一步计划：以更为猛烈的攻势进逼香港。

两轮对战中，乔治·索罗斯率领的大军似乎并未取得更优异的成绩，对港市的打击也不算致命。但乔治·索罗斯认为香港特区政府誓死护市已是破釜沉舟之举，只要将进攻之势"营造"得更为猛烈，那么香港很快便会"俯首称臣"。

1998年5月，第三轮猛烈的攻击开始了。乔治·索罗斯与同伴们一改此前的方式：香港股市、汇市和期市同时被进攻。不久，股市的下跌证明香港特区政府的保卫战暂告失败，乔治·索罗斯一鼓作气，再次向香港发起了猛攻。此次进攻一开始乔治·索罗斯等便占尽了优势，因为这是他"蓄谋已久"的。乔治·索罗斯等国际投资商极有心计，他们的计划堪称"无懈可击"，如果事情向他们预料的方向发展，他们获得的利益将不计其数。这给香港特区政府出了极大的难题。

面对国际投资商通过外汇市场、期货市场和股票市场三管齐下，利用期货和现货两种金融工具步步紧逼的做法，香港特区政府马上有针对性地展开了反击。在多方的努力下，乔治·索罗斯等人的攻势被香港特区政府化解，这很鼓舞人心。但香港特区政府清楚，国际炒家们不会轻易收手，他们在等待着最合适的机会发动总攻。

1998年8月，乔治·索罗斯等国际投资商的最后一次进攻开始了，这一次，他们的来势更加凶猛。双方势均力敌，战事一触即发！

1998年8月5日，乔治·索罗斯等国际投资商抛售了大量港元。香港金融管理局马上接招，通过财政储备如数买进，将汇率保持在1美元兑7.75港元的关口上。当日银行同业拆息率仅上升了2%—3%，令乔治·索罗斯等国际投资商十分失望。次日，乔治·索罗斯等国际投资商再抛200亿港元冲击港股。香港金融管理局沉着应对。此次金融管理局所吸纳的港元早已超过了"规定"的范畴。乔治·索罗斯等国际投资商抛售的港元水平已接近了1997年10月东南亚经济危机。

乔治·索罗斯等国际投资商一刻也不停歇，8月7日，继续大量抛售港元，香港金融管理局也照单全收，完全没有开始时的手忙脚乱。但因为其已经发布中期业绩的一些蓝筹股表现不佳，所以恒生指数下挫212点。

8月13日，经过几天休整的战事重新开始。此时恒指已经被打压到6600点，鉴于此，香港特区政府将港资和内地资金联合起来，与乔治·索罗斯等国际投资商手中的8月股指期货合约展开了较量。

随着时间的推移，战事变得越发激烈。

8月14日，香港特区政府再次踏进股市和汇市。结果是出乎乔治·索罗斯等国际投资商预料的，因为在股票和期货市场双管齐下，加之国际形势良好的情况下，当日恒指一路看涨，这令乔治·索罗斯等国际投资商们大跌眼镜。

激战稍事停顿后，香港特区政府财政司司长曾荫权说："香港特区政府动用外汇基金入市以干扰投机者意图攻击港元的计划，如果他们再来，必遭迎头痛击！"香港特别行政区行政长官董建华也称，这次护市之举的目的是极为单纯的，香港特区政府只是想保持一个相对稳定的利率市场。

大战仍在继续，虽然香港特区政府取得了阶段性的胜利，但没到最后一刻谁也不敢肯定哪一方是胜利者。

1998年8月17日是公共假期，香港休市。但全球股市却在这一天暴跌，香港躲过了这一日，可次日香港股市的开盘还是被影响。好在亚洲股市受到波动后开始变得平稳。公共假日后的第一个交易日，股海中人表现不算热情，外围形势不甚明朗，这对香港特区政府是有利的。当日，恒指波动不大。而乔治·索罗斯等国际投资商已准备将手中8月期指淡仓转入9月，乔治·索罗斯等人似乎准备与香港特区政府打一场持久战。

8月19日，香港特区政府借助四起的外围利好消息将恒指推高411点，同时与香港托管股票的银行和中央结算所接触，希冀将投资者的借股抛售计划打乱。然而，由于乔治·索罗斯等人似有察觉，因此依旧有万余张8月期指合约被转入9月。

乔治·索罗斯在投资上极为谨慎，同时所施用的投资技巧也极为精明。可以说，乔治·索罗斯为国际投资商的代表。他希望香港特区政府会在其一次次攻击中退步，以便成自己之所愿。

2. 绝不退缩的香港特区政府

香港就要重蹈泰国的覆辙，香港特区政府再也无法坐视不管了。索罗斯与香港特区政府的对战开始了。

从乔治·索罗斯将香港股市恒生指数打压至7000点以下后，香港特区政府采取了一系列措施，并最终将恒指推高到7000点以上，这对香港特区政府来说是好消息。

1998年8月21日，乔治·索罗斯等人的机会来了。他与八大外资尾市联合，令期指尾市急跌200点，恒指立即受挫，当日下跌215点，终盘7527点。

3天后，港股一开市便下跌84点，整整一上午都在7400—7500点之间，前景堪忧。闭市前1小时，香港特区政府力挽狂澜，将恒指推至7845点，全天累计上扬318点，交易额达历史性的98亿港元！当日，香港特区政府开始在期指市场狂抛9月期指合约而买进8月期指合约，但收效甚微。此前，乔治·索罗斯等人已经做好了将战期延长的准备。

8月14日至28日，香港媒体"跟踪"报道这场"自卫反击战"，称："香港特区政府采取步步为营的战略，大进小退，已经对国际炒家开始了全面的'围剿'。"这样的报道无疑增强了港股投资者的信心，也让香港特区政府对取得最后的胜利充满了期待。

8月25日的战况愈加激烈，由于此前香港特区政府为护市而推高汇丰控股等几个大蓝筹股，导致市场认为这些股票出现超买情况。对于此等情况，香港特区政府早已"驾轻就熟"，在开市之后任由市场下挫，而到下午时，香港特区政府一改袖手旁观之状，横扫大蓝筹股，进而使得股市回升。香港特区政府还沽售9月期指合约，而推高8月期指合约，并将此前压息做法变更为将市场上的隔夜拆息率推高至15厘。一系列举措令乔治·索罗斯等国际投资商措手不及。

香港特区政府在一连串的反击中，所用的招数已然全部亮明。香港特区政府意在用此法迫使国际投资商平仓撤离。为了尽快结束这场战斗，香港特区政府于8月26日主动出击，突然沽空恒指期货，并收起所有股票现货和期指买盘，这是国际投资商最想看到的结果。随后，以乔治·索罗斯为首的国际投资商开始跟风追沽。香港特区政府这一突如其来的做法令国际投资商根本来不及反应，事实上，这是香港特区政府设下的"陷阱"。在布下这一"陷阱"的两分钟后，恒生指数下挫160点，恒指期货也暴跌300点。正当国际投资商额手相庆之时，香港特区政府突然调转船头，买进大量股票和期货合约，将股指和期指拉回到原来的高点。最终，收市报7834点，全天成交额达98亿港元。

这一打击对于乔治·索罗斯等国际投资商来说是沉重的，在这场"巷战"中，香港特区政府明显占据上风。

次年，全球股市再次大幅波动，全球股市的低迷，让连日来在"港股之战"中逐渐收复失地的香港特区政府备感担忧。果然，港市一开，便引来众多炒家卖盘。时任香港财政司司长曾荫权全面指挥这场"股战"，在一天之内竟然投入200亿港元。在香港特区政府的极力捍卫下，恒指报收7922点，比上一个交易日上升88点，全天成交额达230亿港元，这是自1997年1月以来的最高日成交额。

在香港特区政府大举入市而对乔治·索罗斯等国际投资商造成巨大打击后，量子基金的经理人斯坦利·德鲁肯米勒对外宣称："香港在反击港股和港汇沽家的激战中，必将会失败，香港正处于衰退期。"同时他表示，总资产达220亿美元的量子基金会参与这场战役。他接受美国一家电视台采访时说，香港特区政府在这场金融市场行动中战胜国际炒家的机会不大，它的做法只会让对香港市场看淡的人从其身上攫取利益。

斯坦利·德鲁肯米勒的此番说辞不知究竟出于何意，但明显是对香港特区政府的"挑战"。如果深入考虑他的话不难看出，他在动摇港市投资者信心的同时，实则渗透出一丝"畏惧"。乔治·索罗斯率领国际投资商自进入香港金融市场以来，并未获得更多利益，此时斯坦利·德鲁肯米勒的话在鼓舞自身士气的同时，旨在希望香港特区政府能够让步。但香港特区政府方面已有"承诺"在先了。

1998年8月28日，香港特区政府与乔治·索罗斯大军也迎来了决战日——这一天无论对香港特区政府还是对乔治·索罗斯大军而言，都是做"困兽之斗"的最后时刻。双方此时都已做作好了准备，只等着10点整交易开始后的厮杀。

随着时间的临近，交易的开始，双方将目光都集中在了"汇丰控股"和"香港电讯"上。这一天恒指期货的结算价格为每5分钟恒指报价的平均值，因此，只要将恒指保持在一个平稳的走势上，那么香港特区政府便有了绝对的优势。

当双方短兵相接之时，香港特区政府出于周全的考虑，力求可应对任何突发情况。随着国际投资商疯狂抛盘，香港特区政府表现出的是异常地冷静，一个不剩地全盘买下。据称，开市仅5分钟，成交额便高达30亿港元。30分钟后，成交额攀升至100亿港元。至中午12时收市时，股市发生了巨大变化，乔治·索罗斯等国际投资商大量抛售"中国电讯"和"长江实业"等蓝筹股，同时大量欧洲基金也介入香港股市。一时间，双方的激战到了白热化程度。虽然国际投资商的进攻一次比一次疯狂，但香港特区政府兵来将挡，水来土掩，至中午收市时，成交额已高达400亿港元，与1997年创下的日成交额460亿港元不相上下，而这只是上午的成交额。

当时间推至下午时，这场战役更为激烈。对于乔治·索罗斯大军来说，这可能是最后的机会了。虽然国际投资商志在必得，想迅速将港市挤垮，但香港特区政府阵脚不乱，从容迎战，使得恒指和期指一直保持在7800点的高位上。当下午4点钟的钟声敲响时，这场香港金融史上最为激烈的"货币战争"宣告结束。3个数字锁定了

"胜局"——全天交易额为790亿港元，恒指收于7829点，期指收于7851点。790亿港元的日成交额创下香港有史以来的纪录。它对整个香港都有着重大的意义，这表明香港股市已然站稳了脚跟。国际投资商的计划破灭了。

"攻守之战"以香港特区政府成功护市而告终——1998年8月28日对于香港来说是一个难以忘却的日子，同样，对于以乔治·索罗斯为首的国际投资商来说更是。

辩证地说，乔治·索罗斯大军的计划可谓周密至极，但低估香港特区政府护市的决心导致了他们的失败。当然香港特区政府出人意料的举动是导致大鳄们计划失败的最主要原因。

1998年9月7日，香港金融管理局颁布了关于汇市、证券交易和结算的规定，使得国际投资商的投机行为无以为继。当日，恒指站到了8000点的高位。借着形势大有好转的热浪，香港股市恢复了往日的生机，截止到1999年，香港恒生指数已重居10000点以上。此时，局势的稳定令香港特区政府撤出了股市，在此期间香港特区政府获得了数十亿美元的报酬。

这场危机的来临让整个香港都陷入了恐慌，而危机过后的香港依旧反省着整个事件。相信在此次危机中表现极为强悍的香港特区政府在相当长的一段时间内会成为人们眼中的"救世主"，起码在亚洲范围内它令国际投资商望而却步，香港此次为亚洲争光了。

在这场没有硝烟的战争中，索罗斯以失败而告终。后来索罗斯在总结经验时说："低估了香港特区政府的力量，这次损失我没有想到，但也是这次的失误让我得到了很大的教训。"

第八章　锁定中国

1. 钟情海南航空公司

1999年，香港恒生指数重回10000点以上，这标志着香港特区政府在此次港市"战役"中全面胜利，使得国际投资商在相当长一段时间内都无法在相对稳定的港市和港元上下手。当然，这其中也包括乔治·索罗斯。

狙击港元中失败的乔治·索罗斯，并未停止前进的脚步。事实上，他进入香港股市的目的是想进一步"了解"中国，他非常看好中国市场，希望在资源丰富的中国获益。这一次，他看准的是海南航空公司和百度公司。

海南航空公司是海南航空集团下属航空运输产业的龙头，公司拥有125架飞机、9个航空营运基地和近500条航线，海南航空公司的鲲鹏标志是中国民航企业中第一个、也是唯一的中国驰名商标。此外，海南航空公司拥有三亚凤凰国际机场、山东潍坊机场、海口美兰国际机场和湖北三峡机场，在同行业中，海南航空公司的发展势头相对强劲。

2004年，海南航空公司的飞行班次为14.09万班，年总周转量达15.67亿吨／千米，旅客运输量超过1000万人次，年销售收入达84亿元。在航班数目、机队规模、每月定期航班数量和旅客运输量方面，海南航空公司均居中国第一。

经营稳定、效益良好，很多投资者都喜欢这样的企业，所以时刻关注全球经济的索罗斯动手了。1995年，乔治·索罗斯以每股0.2449美元的价格，斥资2500万美元认购了海南航空公司1.0004亿股法人股。在1995年至2004年的6次红利分发中，乔治·索罗斯所得红利便达695万美元，这次投资令他兴奋不已。

2001年4月，中国民航总局下属9家航空集团进行了重组，中国航空公司、西南航空公司和东方航空公司经过重组，已经成为资产500亿美元的大航空公司，海南航空公司市值只有190亿美元，无法形成竞争态势。

2004年，当美国航空有限公司持有的1.08亿股中国海南航空公司的非上市外资股转为流通B股时，业内人士隐约察觉到了什么。果然，在很短的时间内乔治·索罗斯便应"众人之声"出现在人们的视野中。据海南航空公司的股东资料显示，在中国海南航空公司中持有14.8%股份的美国航空有限公司持股量占海南航空公司第一位。

索罗斯与美国航空公司是什么关系呢？美国航空有限公司为查特基集团旗下公司，而查特基集团却又是乔治·索罗斯量子基金的旗下企业，如此看来，乔治·索罗斯间接地成了海南航空公司的重要持股人，这个金融大鳄已将吞噬财富的"嘴巴"伸向了中国市场。乔治·索罗斯在金融市场上向来以"稳、准、狠"著称，无论是狙击货币还是单纯投资某一行业或者公司，他遵循着原则的永远是将利益最大化。此次投资海南航空公司，乔治·索罗斯依旧沿袭了以往的风格。

2004年乔治·索罗斯间接持有海南航空公司1.08亿股股份，到了2005年，他再次通过美国航空有限公司向海南航空公司的旗下产业——新华航空公司投资2500万美元。追求利益最大化虽然是乔治·索罗斯一贯的投资守则，但继2005年投资新华航空公司后他一再增加持股量，不免令人费解。海南航空公司虽然在同业内有较强的竞争力，投资价值也极大，但这似乎已是"昨日之事"，此时的海南航空公司面临着巨大的压力。

那时，随着民营资本的开放，春秋航空公司低票价的竞争方式以及燃油价格的提高都制约着海南航空公司的发展，对于当时的海南航空公司来说，未来不可预知。乔治·索罗斯在这种投资环境相对恶劣的情况下——当时各大航空公司的业绩都相对下滑——仍旧增加持股量，这确实令一批"乔治·索罗斯的研究者"大伤脑筋。他们认为，乔治·索罗斯即便对航空公司感兴趣，也没有必要将资本积压在海南航空公司，完全可以在中国航空公司、西南航空公司和东方航空公司上大展拳脚，何苦舍大取小呢？

航空业的效益一般来自规模，规模越大，那么在市场上的竞争力便越大，可生存的空间也越大；反之，规模较小的航空公司极易受到市场和竞争对手的排挤，甚至会面临被兼并的危险。站在一个相对高的位置说，乔治·索罗斯所选择的投资时机可谓"不合时宜"，同时他选择了一个看似"错误"的投资对象，并还在"泥足深陷"着。然而，事实并不如客观判断那样。

海南航空公司确如市场证明的那样，面临着方方面面的压力，因此，为了在更大的空间内生存，海南航空公司积极地寻找着出路。这时，乔治·索罗斯手中的巨额资金无疑解决了海南航空公司的大难题。一个要寻求更大的发展空间，可惜却苦于没有充足的资金；一个是手握巨额资金的投资者，目标是找到一个可以盈利的场所，双方可以各取所需，将双方最大的能量释放出来，重新诞生一个盈利式的排列组合。

当然，乔治·索罗斯深层次的想法极有可能是为了以原股东的身份分享此后海南航空公司股改或者上市后带来的成果。另一方面，乔治·索罗斯或许想到了极易被人忽视的一点，投资大的航空公司可能永远不会在其中占据"控制权"，诸多制约因素可使其如意算盘无法奏效。因此，以海南航空公司作为进军"中国市场"的跳板可谓是明智之举。

在控股海南航空公司后，乔治·索罗斯不但从未减仓，反而大有进一步投资的迹象，这无疑给海南航空公司以巨大的信心，两相配合，发展定然能势如破竹，不久之后新组建的新华航空公司便是最好的证明。

拥有新华航空公司的海南航空公司在业内一度被认为是"拆东墙补西墙"，但这并不影响乔治·索罗斯钟情海南航空公司，而他的入主也带来了巨大的市场效应。不管是少数的"跟风"投资者的到来，还是它成为媒体议论的焦点，都说明乔治·索罗斯的加入为海南航空公司注入了新鲜的血液。

2005年10月15日，乔治·索罗斯乘坐的飞机抵达海南航空公司拥有的中国海口美兰国际机场，此次前往海南是其首次参观海南航空公司总部。虽然在1995年他便已投资2500万美元在海南航空公司，但从来参观过。此次，他除了参观之外，亦将2500万美元投资在海南航空公司新组建的新华航空公司。

海南航空公司为解决规模问题，将旗下海南航空控股公司、新华航空公司、长安航空公司和山西航空公司并为新华航空控股股份有限公司，这令海南航空公司的集团企业规模骤然增大，在国际市场上的认知度也逐步提高。不过，海南航空公司的重组之举并未得到更多业内人士的好评，他们认为海南航空公司虽然将此4家航空公司的航班代码统一成了"HU"，但在国际航空市场上，仍旧属于地方航空公司。海南航空公司和乔治·索罗斯不这样认为，他们对海南航空公司的未来充满了信心，重组海南航空公司极有利于其在国际市场上做大品牌。

对于海南航空公司来说，重组是其对外扩张的关键一步，而对于乔治·索罗斯来说，这是其逐步进入中国航空业的关键一步。乔治·索罗斯表示，在他看来，海南航空公司虽然规模不是很大，但却是中国效率最好的航空公司。它与美国西南航空公司有着诸多相似之处，毫不夸张地说，海南航空公司算得上是中国版的美国西南航空公司。其在经营、管理、决策和财务监控等方面几乎都达到了国际水平。

乔治·索罗斯给予海南航空公司极高的评价不只是因为他是其中的大股东，他确实是看中了海南航空公司在中国航空业所特有的优势。虽然海南航空公司也遇到过极大的困难——2003年"非典"给全世界都带来了灾难，中国也遭受了极大的打击。海南航空公司在此期间负债累累，同时油价的升高也令其运营成本增加——但乔治·索罗斯依旧对海南航空公司充满了信心，因此才有了他再次投资2500万美元来解决海南航空公司难题的举动。

作为金融市场上顶级的投资大师，乔治·索罗斯所做的每一个决定都要经过深思熟虑，虽然许多业内人士不认为乔治·索罗斯投资海南航空公司是最明智的选择，但乔治·索罗斯自有想法。如果说乔治·索罗斯控股海南航空公司只是为了进军中国航空业的话，那么他"大师的思想"显然"深度不够"，持这种想法的人也是极为天真的，事实上，乔治·索罗斯总是有自己的一套做事方式。

2. 瞄上百度

索罗斯对待新兴市场非常谨慎，但并不意味着他对新兴市场没有兴趣。

据当时摩根大通银行的报告显示，中国人民币在2005年升值了，投资公司预测人民币会在2006年继续升值13%。对于这样一个在国际投资商眼中的绝佳消息，他们是不会轻易错过的。乔治·索罗斯自然也在投资商的行列，作为投资商，他遵循的投资原则之一永远是寻找机会，寻找市场的漏洞。从这方面看，乔治·索罗斯投资海南航空公司的"初衷"一目了然。

人民币在国际上的地位日益攀升，在金融市场上起到的"协调作用"也不可低估。

乔治·索罗斯把他的目标从东南亚转移到中国是正确的，因为他看中的不只是人民币，还有中国的资源。2006年，中国贸易顺差高达1000亿美元，同期美国国务卿访华并向中国人民币施加压力，这使得人们对人民币升值问题也更多地关注起来，期望人民币升值的人越来越多。中国的货币政策不能让他像狙击英镑、奇袭泰铢那样随意地进入中国市场。好在他找到了"替身"，或者说"跳板"，他可以此来间接地与人民币"短兵相接"。

如果说乔治·索罗斯投资银行或者其他更显而易见的行业来与人民币接触，或许人们更容易理解这位投资大师的思想，但航空公司在更多人眼中似乎并不能承载乔治·索罗斯"豪赌"人民币的期望。他有自己的算盘，如果人民币升值，那么航空股无疑是最受惠的。据当时的资料显示，海南航空公司净负债近9.35亿美元，按照人民币升值2%计算的话，那么海南航空公司便会"瞬间"产生1亿元人民币的潜在利润，同时，在付息等因素的影响下，获利的空间会越来越大。乔治·索罗斯不可能看不到这一点，比起等上10年再从海南航空公司的身上获利，"此法"更奏效。

2005年时乔治·索罗斯曾表示，他在中国的必投行业中一定有航空业。借助于他的"金玉良言"，至2007年，中国航空业1—5月全社会旅客航空运输周转率增长近20%，中国航空业保持着强劲的增长势头。

如果说对中国海南航空公司的投资是乔治·索罗斯看中了人民币的升值和中国航空业本身的潜力，那么投资百度公司证明了什么呢？

乔治·索罗斯早期投资海南航空公司，进而又瞄上全球最大的中文搜索引擎百度，实则都是以此来寻找在中国获得最大利益的最佳机会。中国地大物博，资源充沛，早已是国外投资商垂涎三尺之地。作为投资界领军人物之一的乔治·索罗斯自然不会放过，他时刻注视着中国"这头大象"。

最初以"中国Google"的身份进入纳斯达克的百度，一直试图追赶投资者永不满足的增值欲望，这也给百度股价的上涨带来不少压力。索罗斯突然出现在百度投资人名单中，全球哗然，他共持有50万股百度股票，以每股约100美元的购买成本计算，索罗斯向百度投入的资金达5000万美元，相对于索罗斯以往的业绩和他的身价来看，千万美元的收入只不过是小试身手，但这对百度投资者来说却十分刺激。截至2011年3月31日，索罗斯再次以96.53美元—136.38美元买入139700股百度股票，估算平均买入价为117.59美元。

据业内人士分析，乔治·索罗斯投资百度与投资中国海南航空公司的目的一样，都是出于一种"战略需要"。乔治·索罗斯曾说："我投资海南航空公司，是因为它是中国最有效率的航空公司。"

百度作为全球最大的中文搜索引擎，在世界范围内都颇具影响。2000年1月，年纪轻轻的李彦宏在北京中关村成立了百度公司，而后其推出的竞价排名等都受到了广泛的好评。不管他曾遭受几次磨难，但都不影响百度在投资商心中的地位，他们看中的是百度的实力，是能为他们创造价值。

在国际投资商看来，任何一个国家如果它的经济增长速度保持在9%，那么显然它对世界经济都极有益处。在乔治·索罗斯的眼中，中国无疑就是这样一个充满机会的国家，他认为中国在不久的将来就会变成全世界最大的消费市场。因此，他积极地控股海南航空公司，并斥资5000万美元入资百度，就是不想错过中国这班船，更重要的是，他要与中国近距离接触，找到更适合掘金的机会。

2005年前3个季度，中国经济同比上升9.4%，这是在中国政府抑制经济过热增长的情况下统计的数据，显然，中国经济的增长确实是快速的。在这种情况下，如果想一跃成为富人，那么就要紧抓这个"大好时机"。这其中，乔治·索罗斯无疑是先驱，他曾说："很高兴看到中国出现生机，当然，我清楚这并不是一夜之间的事情，我的投资属于专业投资，因此在出现机会的时候我会考虑怎样真正地进入中国市场。"

当各国越来越表现出对中国市场的重视时，乔治·索罗斯早已抢占了先机。西方金融界在评价乔治·索罗斯时说他是"走在市场曲线前面的人"。的确，乔治·索罗斯似乎总能以"猎豹"一样的速度先声夺人。自20世纪90年代投资中国海南航空公司以来，乔治·索罗斯的表现完全符合金融界对他的评价，再加上他入资百度这个全球最大的中文搜索引擎，人们对他下一步的行动充满了期待。

时至今日，乔治·索罗斯虽然并没有更大的动作——诸如狙击英镑、奇袭泰铢等，但他时刻关注着随着中国经济不断升温而呈现繁荣之状的中国市场。在他看来，中国市场极具潜力，他所需要做的只是等待。

顶尖的投资大师向世人呈现了一幕幕令人叹为观止的画面，人们在慨叹他取得的辉煌战绩之余不免好奇，是什么促使这位金融大鳄拥有如此高超的投资策略，他的这种思想又是怎么诞生的呢？这是一个难以回答的问题，或许对话乔治·索罗斯都未必能在他的言语中窥见这一点，因为这是一种无形的思想在起作用。

无论是控股海南航空公司还是入资百度，乔治·索罗斯似乎都将其作为一种"过渡"，他的最终目的不是从这两家公司身上获得更多回报——当然，有"额外"的回报也是资金回笼的方式——而是全身心地跳进中国市场，在股海中搏杀。

第九章　别样索罗斯

1. 金融炼金术

当乔治·索罗斯在伦敦经济学院求学时，思想变得不同起来。或许当时他的思想与常人相同，但到他遇到影响其"一生的导师"卡尔·波普时才发觉，他所关注的问题是可以影响他一生甚至是后人的。于是，他开始伏案疾书，希望凭借对卡尔·波普《开放社会及其敌人》一书的理解来诠释自己的哲学。

1987年，经过慎重考虑和严谨执笔的《金融炼金术》出版了，但这并没有给乔治·索罗斯带来更多的兴奋。在写作的过程中，乔治·索罗斯曾想过，如果将自己的"金融理论"公开，会不会令公众以为自己是在自我吹嘘？甚至于这些自己秉承的理论一旦问世，那么遭遇可怕的市场逆转时将如何解释呢？

然而无论此前的担忧多重，这本"纠正"读者的世界观和方法论的著作还是出版了。

乔治·索罗斯这本书旨在介绍他的理论——世界有机体怎样运行，这包括人本身——所以，他极怕读者会误解他在书中阐述的观点，它并不是一本可以指导读者怎样去赚钱的书。这就像一本成功人士的人物传记一样，一般来讲，读者是很难从人物传记中找寻到赚钱的秘密的，它重在阐述人物的心路历程。《金融炼金术》便是这样，它重在阐述乔治·索罗斯对世界的看法。

乔治·索罗斯很希望被人倾听，这本书似乎就是一个与读者沟通的媒介。他清楚，如果想让更多的读者对这本书产生兴趣，那么首先他就要被别人理解。他甚至必须说明，身为一个投资者，他是怎样运用自己的理论来投资的。

1987年，乔治·索罗斯接受了出版社一位编辑的建议，决定在公众面前宣传自己的"思想"，虽然他并不想这么做。这位编辑说："你应该让《纽约时报》和《幸福》杂志对你进行采访，我来为你联系。"就这样，乔治·索罗斯第一次为宣传自己的著作而出现在媒体面前。

这天，乔治·索罗斯对几个朋友和基金经理人说："我要马上去赶开往华盛顿的火车，他们要讨论我的书，我要上'华尔街一周'节目。"言语中，乔治·索罗斯似乎有些兴奋——为自己的理论将"昭告天下"而兴奋。然而，阿兰·拉斐尔当头泼了一盆冷水给他。

阿兰·拉斐尔说："你真的清楚这个节目谈论的内容吗？"乔治·索罗斯自信地说："当然知道，他们要讨论我的书。"阿兰·拉斐尔突然感觉投资嗅觉灵敏的乔治·索罗斯丧失了这种能力，他说："事实上，乔治，他们并不真的想讨论你的这本书，他们会问一些你根本不想回答的问题，比如你会买进什么，喜欢什么样的股票。"乔治·索罗斯不相信地盯着阿兰·拉斐尔看，但显然一扫刚刚的自信："不会，我觉得他们会讨论我的书的。"

当天晚上的情形似乎早已被阿兰·拉斐尔看见一样，主持人在与乔治·索罗斯寒暄了一会儿便"直入主题"："你喜欢什么股票？"乔治·索罗斯虽然不相信阿兰·拉斐尔此前的预料，但心中也做了准备。他听似幽默实则"愤慨"地说："我并不想告诉你。"他表示，他在市场上取得的成功仅给他提供了一个分析的基础，他的兴趣在分析上。他认为人们会重新看待他的举动——宣传作品，他并不是想通过出书赚钱。

不过，这本囊括投资大师思想精髓的书并未受到更多人的欢迎，即便是现在，也少有人能完全理解乔治·索罗斯的"思想"，虽然这本书的销量极大。乔治·索罗斯的一位好友称："当我读完这本书的时候，我发现自己的脑中一片空白，我无法从书中找到一个特别清晰的解释。"

看过本书初始章节的阿兰·拉斐尔说："事实上，这本书不是普通的读物，它或许是给研究生读的。它并不如人们想象中的那样刺激，从读者的角度看，它不是在告诉你一个10天之内怎样赚一大笔钱的方法……乔治·索罗斯的思维极为跳跃，他甚至不让任何人来修改这本书。"西蒙·斯库斯特出版公司曾建议乔治·索罗斯找一个编辑来修改这本书以使其达到出版的要求，但他拒绝了。

当然，"固执"的乔治·索罗斯为了能让自己的理论出现在人们的视野中——大多数人或许并不想真正地了解这本书的内涵，他们看重的只是"这是乔治·索罗斯的书"——因此还是允许更权威的人士修改，但不能曲解他的意思。

摩根士丹利的一位美国投资战略家柏容·文曾在此书出版前做过修改，他不无幽默地说："乔治写出初稿后，我提出相应的修改建议，我对这本书做了适当的加工和润色。但很多人依旧表示这本书生涩难懂，极难阅读，我同他们说，你们或许该看看这本书此前是什么样子的。"

当乔治·索罗斯小有成就之时，人们看重的依旧是他的赚钱方法，并不会对一本介绍理论而没有"实际效用"的书感兴趣。而在多年以后，当乔治·索罗斯成为金融市场上的顶尖人物时，《金融炼金术》变成了畅销书，他的理论也受到了人们的重视，这多少慰藉了乔治·索罗斯。一个希望被人倾听的人，同样希望关于自己的一切被他人重视，正如他时常会说的一句话："我不想做另一个富翁，我希望被人倾听"。

《金融炼金术》是一本不同的读物，不同之处在于初涉投资领域的人根本读不懂里面的每一字、每一句，即便想通过某种方式揣测也多未果。而当投资者渐渐熟悉市场后，《金融炼金术》对于他的价值才会逐渐凸显出来，他会发觉市场的变化会与书中某一章节所渗透出的深意如出一辙，这正是这本书真正的价值所在。

因为"思维跳跃"的关系，乔治·索罗斯阐述于书中的理论并不成系统，同时书中涉及的投资领域极广，如果能将各个分支积累起来，那么此书完全可以看成是一部"投资佳作"。不管这本书究竟有多少人能真正地读懂，它在投资领域都具有极高的价值。书中囊括的理论堪称经典，包括了乔治·索罗斯著名的反身性理论和盛衰理论。反身性理论是乔治·索罗斯受卡尔·波普哲学思想影响而诞生的属于乔治·索罗斯特有理论，而盛衰理论则是建立在反身性理论基础上的。

自乔治·索罗斯思想中萌生了这两种理论，他便将它们与金融市场联系在了一起。或许可以说，早年乔治·索罗斯想成为一名影响后人的哲学家的理想却在金融市场上实现了。在金融界，乔治·索罗斯是当之无愧的领军人物，其屡屡创下的辉煌几乎是无人企及的，而这一切都得益于他的思想。

《金融炼金术》可称之为是乔治·索罗斯几乎全部思想的体现，也是乔治·索罗斯成功的"源泉"。乔治·索罗斯曾就书中难懂的理论进行了"辩解"："人们好像还没有完全理解我，或者是我根本不善于将自己复杂的思想表述出来，这些思想确实太复杂了。"乔治·索罗斯本人也清楚自己思想复杂的程度，就如前文所言，他或许想表达的并不是某一理论，而是其形成这种理论的复杂思想，这一思想阐述起来无疑是困难的，这与乔治·索罗斯的"文笔"好坏关联不大。

2. 关心政治的索罗斯

随着时间的推移，在投资界名利双收的乔治·索罗斯关心起了政治。因为早年他便有将全世界都打造成"开放社会"的思想，所以当布什总统在"9·11"事件中表现"失当"时，乔治·索罗斯将枪口指向了他。

2001年9月11日，美国民航客机遭恐怖分子劫持，纽约世贸中心和五角大楼在飞机的撞击中被厚厚的烟雾包裹着。在这场灾难中共有2819人遇难，造成巨大的经济损失。

"9·11"事件发生时，乔治·索罗斯身在北京，当他看到世贸双塔在撞击中轰然倒塌时极为震惊，他为恐怖分子的残忍行径感到愤慨。"9·11"事件让乔治·索罗斯将目光聚焦在了布什总统的身上，他对此后布什总统表现出的关注绝不亚于对"9·11"事件本身的关注。

2001年"9·11"事件发生的9天后，布什总统发表的一次讲话让乔治·索罗斯最终决定反对他。

在美国国会两院联席会议上的讲话中，布什总统说："……我们将追究那些向恐怖分子提供避难场所的国家和地区，此时，每个国家和地区都要做出选择，如果你们不站在我们这一边，那么毫无疑问，就是站在恐怖分子的一边。此后，维护和庇护恐怖主义的国家都会被美国政府视为敌对政权……"

布什总统的此番言论在乔治·索罗斯看来犹如纳粹德国时期的宣传部长戈培尔的演说一样，他让德国人和纳粹站在一起，表明在"危险"扩大的时候大家要团结起来。

乔治·索罗斯极其厌恶布什总统那种专制者的腔调，他认为布什总统在侵蚀美国的传统价值。在他看来，美国政府应该在恐怖袭击事件后变得更有勇气来保护美国社会的自由和开放，而不应该将有异议的和声称自己是恐怖分子的人监禁起来，剥夺他们应享有的公民的权利。而随后布什总统的又一个方案令乔治·索罗斯更为震惊。

2001年10月26日，布什总统签署了一项美国爱国者法案。为了进一步打击恐怖主义活动，该法案增强了美国执法机构的权力：他们可以监听电话、邮件等。次年，布什总统在西点军校毕业典礼上发表讲话，确立了他的"布什主义"，称任何被怀疑有恐怖主义的国家都将是美国采取军事行动的对象。

一系列"反恐"行动让美国人的精神绷得很紧，但这似乎也"保护"了他们，可在乔治·索罗斯看来，美国总是依靠军队来保护自己的做法无疑会令美国的开放社会走向终结。从此时开始，乔治·索罗斯便为2004年新一届美国总统选举做着准备，他要尽自己的全力让破坏美国开放社会的布什总统下台。

然而，正当乔治·索罗斯积极地为促使布什总统下台而酝酿着计划时，一桩"丑闻"令他陷入媒体的责难之中。

1988年，一个中间人曾经找到乔治·索罗斯，表示一个法国商人想联合一些投资者购买法国私有公司的股票。他口中的法国私有公司是当时的法国兴业银行和另外3家法国公司，这些公司在刚刚完成私有化。

乔治·索罗斯当时并未表态，而是让自己的顾问做了一番调查。顾问调查完毕后告诉他，那个中间人的想法不合理，乔治·索罗斯采纳了顾问的建议，没有答应那个中间人。

1988年秋，乔治·索罗斯"突然"购买了法国兴业银行和另外几家私有公司的股票，且在持有了一段时间后卖掉，赚了200万美元。与此同时，其他投资者也买进了这家银行和那些公司的股票。原来，法国总统弗朗索瓦·密特朗再度当选总统之后，鼓励此前被私有化的公司改变股东的结构，这样的政策令这些私有化公司的股票逐步上涨，因此乔治·索罗斯才会购进股票。可是不久后他便受到了指控，称他了解此前那个商人带领一批投资者买进兴业银行的股票会引起股票的上涨，所以才会大量买进，这构成了"内幕消息"。

事实上，乔治·索罗斯根本没有获得内幕消息，他所掌握的只是和第三方意图相关的消息，此前那个中间人根本没有告知他这个消息是秘密的，也没有要求他签署保密协议。

很快，法国兴业银行在发现股票交易有异常之后便开始调查。1993年，法国当局对乔治·索罗斯进行了司法调查。

就在法国当局对乔治·索罗斯积极调查之时，与美国证券交易委员会职能相近的法国交易所运作委员会最终得出结论，乔治·索罗斯和其他人根本没有违法。不过委员会得出的结论没有法律效力，所以法国司法机关对乔治·索罗斯正式提起诉讼。

2002年11月，乔治·索罗斯出庭作证，他说："我想我知道什么是内幕消息，什么不是，因为我一生都在做投资。"随后他又表示，购买这些公司的股票只是希望新的管理和所有制会提升绩效，但当他发现这不可能时便出售了股票。2002年12月20日，这桩十几年前应该了结的案子被"重新"翻了出来，乔治·索罗斯被判犯有内幕交易罪，罚款220万美元。

虽然有很多人涉入此案并被调查，但最终被定罪的只有乔治·索罗斯一人。乔治·索罗斯称这个定罪"不公正"，他说："其实，根本没有什么案件，13年前我的律师告诉我已经结案了，他们只是想拿走我在这桩交易中所得的利润而已。"

乔治·索罗斯没有上庭去听法院的判决，他在纽约发表了一份声明："事实上，我极为惊讶，我绝对没有法国兴业银行等公司的内幕消息，对我的指控其实是没有事实根据的，必要的时候我会向最高法院提起上诉。"

一桩十几年前的案件至此告一段落，虽然乔治·索罗斯曾一度陷入媒体的舆论攻势之中，但事实上此事却并未对他造成更大的影响，他依旧是华尔街顶尖的投资大师之一，头上的光环依然耀眼无比。

此时，布什政府针对"反恐"行动做出了新的决定。布什总统认为，伊拉克拥有大规模的杀伤性武器，这令其可以发动生化战争，萨达姆已经对美国构成了威胁。为此，布什政府做出了最终决定——进攻伊拉克。

2003年3月，美国对伊拉克的战争爆发了。很快，巴格达被占领，萨达姆藏匿起来。同年12月，萨达姆被美军抓获，并于2006年11月被处决。因为担心局势不稳，布什政府并没有将美军撤出，而是驻扎在伊拉克，时至今日，也没有美军撤离伊拉克的准确时间表和计划。

对于乔治·索罗斯来说，美国将自己的意志强加于其他国家的想法是错误的，他也将"让布什下台"的计划提上了日程，这让乔治·索罗斯逐步卷入了政治漩涡，开始了一场与布什总统之间的对战。

3. "推翻"布什总统

也许是对开放社会的关注和热情，也许是小时候"救世主"的梦想贯穿于生命，乔治·索罗斯对布什总统的诸多做法表示质疑。慢慢地，他的这种质疑就变成了实际行动，他决定要为让布什总统下台贡献自己的力量。

很快，他参与了民主党同盟。在众多民主党捐款人中，在华尔街拥有显赫背景的乔治·索罗斯显得与众不同。事实上，乔治·索罗斯通常将自己描述为一个独立自由的人，或者说他并不想参与到任何党派之中，他只是想通过党派的力量促使布什总统下台。不久，他让他的政治主管迈克尔·瓦尚找到了一些政治顾问给他提建议，以便将钱投到一个可以促使布什总统下台的重要项目中。

随后，迈克尔·瓦尚联系到了马克·施泰茨，希望他能够组建一个符合乔治·索罗斯要求的项目。马克·施泰茨对包括投票表决及以往竞选活动的财务记录等方方面面都做了细致的研究。马克·施泰茨与俄勒冈州的立法人员汤姆·诺维克联起手来，让其整理一份类似的项目。2003年7月，乔治·索罗斯将两人与一些政治左派集中到了他在南安普顿的寓所中，举行了一次他踏进美国政界的极为重要的会议。

参加会议的人在当时的政界都有一定的影响力。史蒂夫·罗森德尔，新劳工运动的先驱，于1993年—1995年担任美国劳工部助理副部长。此后，他在美国劳工联盟及产业联合会担任了7年的政治主任。

卡尔·波普（与乔治·索罗斯"一生的导师"、著名的哲学家卡尔·波普同名），美国最具影响力的环保组织塞拉俱乐部负责人，他协助组建了ACT组织。

民主党行动主义者埃伦·马尔科姆，IBM创始人的继承人，美国最有影响力的女性之一。1984年，她创立了"艾米莉的名单"，并逐渐将其变为最成功的政治团体之一。长期以来，她一直从事政治筹款工作。

可以说，参加此次会议的都是当时的重量级人物，但他们似乎谁也想不到乔治·索罗斯将他们聚集起来的目的是想让布什总统下台。会议一开始，乔治·索罗斯便让马克·施泰茨和史蒂夫·罗森德尔将他们的项目介绍给大家，同时他提出了两个关键性的问题：布什能否被击败？如果能，要怎样做？

马克·施泰茨在回答乔治·索罗斯的这两个问题前询问他的预算是多少。乔治·索罗斯纠正了他的问题，他说你应该问需要多少预算。乔治·索罗斯表示，不要受到约束，唯一能约束你们的是，改变美国政治需要多少钱。看来，乔治·索罗斯准备"孤注一掷"了。

随后两个顾问表示，布什远比想象中的强大，如果要击败他必要找出一个新的突破口。最终，与会人员达成了一致，他们认为草根政治是关键。马克·施泰茨和汤姆·诺维克决定将大规模的选举人现场操作作为重点。当然，为了不触及联邦选举法，这种现场操作要独立于民主党之外。

乔治·索罗斯对草根政治很有兴趣，他不断询问："怎么来进行草根政治呢？是要挨家挨户地进行吗？"政治广告在选举中是不可缺少的，但乔治·索罗斯对此兴趣不大。当会议快结束时，乔治·索罗斯被告知为了这次项目，他至少要拿出7500万美元。

这些钱对乔治·索罗斯来说根本不是问题，不过他却表示要好好考虑一下。马克·施泰茨和汤姆·诺维克希望乔治·索罗斯能够通过支持ACT组织来开始他的政治努力，乔治·索罗斯答应了。在他的思想中，一旦他发觉政治顾问极有可能通过努力来达到促使布什总统下台的目的时，他就会变得义无反顾。

2003年7月19日的会议上，政治顾问及其他帮助乔治·索罗斯实现政治愿望的与会者希望他能够出资。可令乔治·索罗斯感到困惑的是，在17个州中，政治顾问们只争取到了六七个州的现场操作。

为了更有把握在2004年的竞选中让布什总统下台，乔治·索罗斯的政治顾问们决定不再从那10%摇摆不定的选民中寻找机会，他们将目光聚集在那些不经常给民主党人投票的选民身上。与此同时，为避免民主党选民之间发生冲突，他们与其他非营利组织的合作也更进了一步。

在乔治·索罗斯积极地笼络各方人士准备在2004年的总统竞选中做出努力之时，共和党也开始了他们的"反抗"。共和党及其拥护者鉴于乔治·索罗斯的所为，开始通过舆论大肆批评他支持的

ACT组织、"继续前进"网站和美国进步中心等计划。随后,《华尔街日报》也对乔治·索罗斯的诸多做法表示不赞同,称乔治·索罗斯这个生于匈牙利而成为美国公民的人不该成为美国政界的重要参与者。

面对接踵而来的指责,乔治·索罗斯并未退却,他于2003年12月出版了新著作——《美国霸权主义的泡沫:纠正美国权利的滥用》。在这本书中,乔治·索罗斯声明了他讨厌布什总统的原因。

他认为,美国的笨拙正伤害着美国本身。美国利用自己的地位将自己的意志强加于世界各地,以为这样美国会变得更好,但事实上,美国这种想法是错误的,美国在世界上占有的主导地位实际上是被扭曲的事实。"我将说服美国民众在即将到来的总统选举中反对布什,这是我的首要目标……"乔治·索罗斯似乎对布什充满了"怨恨"。

缔结了一连串组织的乔治·索罗斯依旧继续努力着,只要竞选日没有到来,他就会在有限的时间内做出最大的努力。保护"开放社会"似乎是乔治·索罗斯对布什充满反感的主要原因,这表明,乔治·索罗斯在伦敦经济学院求学时所受的"思想熏陶"注定了他日后"涉足政治"这一段不平凡的经历。那么,他能在这场政治斗争中能取得如金融市场上那般显赫的战绩吗?

据与乔治·索罗斯关系密切之人说,他表面效忠共和党,但实质上却有着极其保守的政治思想,乔治·索罗斯实际上是一个自由主义者。

其实,在乔治·索罗斯将布什总统作为他要"打击"的一个目标之前，他没有向任何政治团体或者政客捐款，虽然他曾经给予过某些候选人金钱上的帮助，但正如前文所述，他实际上是一个"无党派人士"，不忠于任何党派或者团体。乔治·索罗斯的一位密友曾表示，他从没有对某个团体下过命令。

在2003年整整一年中，乔治·索罗斯最关注的问题都是：怎样用自己庞大的资源促使布什总统下台。他非常喜欢"继续前进"这个网站的理念，他觉得自己是一个进步人士。

乔治·索罗斯在2004年总统选举中一共捐出了2700万美元，这是个人捐款总统选举最多的一次。对于乔治·索罗斯的捐助，外界称其将所有财富都注入到了总统选举中，这对一些人来说简直是个笑话。乔治·索罗斯在2004年总统竞选中捐出的钱只是他整个2004年捐资的5%。

乔治·索罗斯在此次总统竞选中动用的是私人资金，根本不是索罗斯基金会的资本。2003年时，《机构投资者》预估，乔治·索罗斯在这年的收入为7.5亿美元，2700万美元对他来说微不足道，但对美国政治的冲击无疑是巨大的。

2004年8月6日，众多民主党人在科罗拉多州落基山的阿斯本研究所召开了秘密会议。与会者制定了一个名册，他们中没有一个人同以往的民主党人士有关。这些人在政治上的策略并不完全一致，平日往来甚疏，但此刻他们的目标却空前地一致：让布什在2004年11月的总统大选中失败。

参与会议者几乎都是富翁，但金钱此时并未让他们更有底气，因为他们的对手——共和党太强大了。乔治·索罗斯表示，他不希望以一种极端方式来对待另一种极端。乔治·索罗斯仍然十分理智，虽然他的"敌人"曾不计后果地攻击他，而且这种攻击一直在持续着，没有丝毫减弱的迹象，但乔治·索罗斯依旧觉得理性的处理方式永远是化解危机的最佳方式。

乔治·索罗斯不喜欢政治，但为了反对布什总统，他又必须涉足政治。他认为，只要能将布什拉下台，他便为美国做出了巨大的贡献。显然，他鲜明的"政治观点"让他备受考验。当然，他之所以遭受攻击除了其"政治观点"外，让他成为世人眼中大师的财富也被右派拿来当作诽谤的目标。

福克斯新闻频道的脱口秀节目主持人比尔·奥莱利在连续几次节目中都谈论到乔治·索罗斯，说他是"俗气的人，一个极"左"的激进的无政府主义者"。更有甚者，称乔治·索罗斯是不知羞耻、虚伪的政治投机者。

乔治·索罗斯承受着媒体铺天盖地而来的不利言论带来的压力，但竞选日一天没有来到，他就不会放弃自己的"政治愿望"。

2004年夏天，民主党候选人约翰·克里的处境十分困难，甚至到了竞选时或许会一败涂地的地步，而且民意测试的结果对约翰·克里也极为不利，可这个时候布什的"亲友团"却分外强大。此时，乔治·索罗斯察觉到自己捐资的"吝啬"，于是他开始加码，并同时启动了个人的竞选活动。

因为不喜欢政治，所以乔治·索罗斯长久以来一直站在幕后，他用一双在夜里都可分辨出猎物准确位置的眼睛紧盯时局。也许他不会以政治家的身份出现在媒体面前，或者至少不会以党派人士的身份出现。但此时，在这最后关头，也许亲自出马才有挽回的余地。换句话说，即便乔治·索罗斯不能使布什下台，但起码自己曾经努力过。

我们都知道政治广告是乔治·索罗斯反感的，然而，这一次他没有顾及这些，这从他斥资300万美元来做政治广告上就能看出来。

乔治·索罗斯拍摄了占两页篇幅的广告，并将其刊登在36个州，这些州是经过精心选择的，这些地方的大部分选民支持倾向尚不明确。接着，乔治·索罗斯身体力行，开始在这些州进行演讲。在演讲中，乔治·索罗斯丝毫不掩饰对美国政府的"反感"，他说，布什政府向伊拉克发动战争会令美国民众的处境更加危险，战争实际上是一种偏离。

政治活动给乔治·索罗斯带来的身心俱疲让其对政治的厌恶程度进一步加深，他只希望早些将布什赶下台，以尽快结束这件自己不愿意做的事情。

乔治·索罗斯的张扬举动让他的对手们对其展开了更为猛烈的攻击，这次乔治·索罗斯做出了回应，他辩解说，在开放社会中他有权利使用自己的钱来传播观点，而且他所做的一切都是在联邦竞选法范围之内。乔治·索罗斯此次耗资300万美元、跨12个城市的巡回演讲在外人看来是对约翰·克里的"排挤"，甚至有人认为他有想成为民主党候选人之意。当然，这种揣测并不不切实际。

有了巡回演讲，乔治·索罗斯显然成了媒体最关注的人物之一，甚至有些媒体很期待他与布什之间爆发更为激烈的斗争，乔治·索罗斯当时被认为是美国政治中的一股新力量。

在竞选期间乔治·索罗斯表示，约翰·克里更适合当总统，同时他对另外两个人——韦斯利·克拉克和霍华德·迪安也给予了极高的评价。在他看来，只要不是布什当总统就好。

2004年11月，选举之夜如期而至。此时乔治·索罗斯在曼哈顿第五大道的寓所中，其寓所中有诸多"继续前进"网站的人和相关人士。紧张的选举开始了。起初，局势朝着乔治·索罗斯期望的方向发展着，约翰·克里也表现出了极强的信心。但到晚上10点钟时，克里渐显颓势。半小时后，布什的优势更为明显，最终他再度当选为总统。

在外界看来，乔治·索罗斯应该承受极大的打击，毕竟布什再度当选总统这一结果让他先前倾注在竞选中的心血付之东流的同时，"政治愿望"和"个人愿望"也无法实现。但起码他努力过，这对他来说已经足够了。

4. 开放社会理论

在很多曾经被乔治·索罗斯"袭击"过的人眼中，乔治·索罗斯是一个不折不扣的"魔鬼"，因为他会在金融市场上搜寻到机会后如猛虎一般扑上去，让"路人"不免遭殃。但这只隐蔽在丛林中的"猛虎"并不是永远具有攻击性，他也有"善良"的一面。

进入晚年的乔治·索罗斯开始变得"温柔"了。随着时间无情地消逝，乔治·索罗斯以往在金融市场上叱咤风云的影像逐渐淡出了人们的视线，甚至有人说，他以往的投资技巧不再灵光，甚至到了黔驴技穷的地步。对于外界的揣测，乔治·索罗斯没有做出更多的回应，似乎他要用自己的行动来证明对他持消极态度的人的判断是错误的。

2000年7月始，乔治·索罗斯组建了量子慈善基金，初期资本为60—65亿美元。乔治·索罗斯此举意在稳扎稳打，积累资金。在一度遭受挫折之后（其中包括没有将布什推下台），乔治·索罗斯好似"洗尽铅华"一般，将目光放在了"高端的思想层面"上，开始专注于慈善事业并宣传他的开放社会思想，他的愿望是使整个世界都变得"民主"——这似乎与其小时候"救世主"的梦想遥相呼应。

事实上，乔治·索罗斯在更早以前便开始做慈善事业，行慈善之举。虽然乔治·索罗斯被称为"魔鬼"、"金融界坏孩子"，但与其在慈善事业上的表现，这些名声实际上都"名不副实"。其实，乔治·索罗斯向来是一个备受争议之人，他的"恶举"会遭非议，那么他的"善举"呢？辩证地说，当他"血洗"多个国家金融市场之时，招致非议似乎也在情理之中，那么当他"善举"不断时，是不是也应该受到世人的赞叹了？当然，乔治·索罗斯的慈善之举并非出于"赎罪"之意，慈善事业是他促进社会开放、自由的基础。

1979年，乔治·索罗斯用自己积累起来的财富建立了他的第一个基金——开放社会基金。这个基金的名字来源与其早年的经历有关——当卡尔·波普《开放社会及其敌人》一书让乔治·索罗斯"顿悟"之时，他已经将"开放社会的概念"植入脑海之中。

因为有了"开放社会概念"的影响，乔治·索罗斯希望整个世界的人民都可以在公平、自由、开放的社会里生活，享有公民应该享有的一切权利。他希望整个社会都由市场经济来推动，即便是弱小的群体也拥有发言权。

为了实现这个宏伟的梦想，乔治·索罗斯在建立了开放社会基金之后，与中欧、东欧和苏联等地区成立了多个地区性质的索罗斯基金会，以此来推动开放社会的成立。1993年，乔治·索罗斯成立了开放社会协会，以纽约为中心协调世界各国索罗斯基金会的运作。开放社会协会对那些政治、法律和教育制度比较落后的发展中国家和地区给予许多关注，从这个角度看，乔治·索罗斯是一个真正希望将世界联系在一起的人。

在非洲，当时有27个国家得到了开放社会协会的资助，它在南非和西非地区设立了分部，意在对相对落后的地区给予更多的帮助。这其中，得到乔治·索罗斯开放社会直接关怀的国家有南非、安哥拉、莫桑比克、利比里亚和赞比亚等，这些国家的教育和基础建设工程以及医疗卫生等方面在开放社会协会的资助下都得到了良好的改善。

乔治·索罗斯的开放社会协会在资助一些国家和地区的同时会"因地制宜"，根据当地的情况进行有针对性的资助。如在东南亚地区，乔治·索罗斯的开放社会协会竭尽所能缓和民族斗争，让当地的社会构架更加稳定，拯救处于水深火热之中的人民。

在拉丁美洲，开放社会协会关注的则是贫穷。因为拉丁美洲的许多国家常年受自然灾害的影响，如洪水、龙卷风和暴雨等，这使得当地人民长时间不能解决温饱问题，所以，开放社会协会便与世界银行、国际金融公司和美国国际紧急援助组相互配合，将资助的重点放在重建当地经济上。

　　这一系列资助工作需要开放社会协会每年支出约4亿美元，原本这些钱不会给协会带来负担，但由于经济境况不乐观的年限过长，所以这对开放社会协会的财政造成了极大的压力。为了缓解开放社会协会面临的压力，许多受开放社会协会资助的地区已经开始自筹资金。另一方面，开放社会协会也希望其他社会上的基金能够加入其中，为援建世界，推广"开放社会概念"贡献力量。

　　很快，诸如福特基金、摩特基金会、查理斯·史都华、安妮·凯西基金会和艾琳钻石基金便加入了开放社会协会资助世界各地区的行列，这在一定程度上的确起到了缓解开放社会协会财政压力的效果。同时，这些加入资助行列的基金会又与世界卫生组织、欧洲理事会、联合国儿童基金会以及国际危机中心等合作，这使得资助大军更加庞大了，可以资助的地区也更多了。

　　在开源节流工作初见成效之后，开放社会协会希望积累更多的资金和相关资源，以便日后在中国广袤的土地上设立分支机构，为中国穷人服务。开放社会协会是一个无国界的组织，几乎哪里需要它，它就会出现在哪里。这种资助思路是完全符合乔治·索罗斯将全世界都"开放"的概念的。

　　乔治·索罗斯的开放社会协会之所以能够不失时机地资助那

些需要被资助的国家和地区，达到"雪中送炭"的效果，是因为开放社会协会、索罗斯基金会与当地政府、民生关注组织以及国际慈善会如宣明会联合，关注各个需要被资助的地区的法制、教育、媒体、医疗卫生、交通、经济和艺术等各领域，切实做到"对症下药"。

可以说，开放社会协会的成立，为亿万人民提供了最大的便利，让一些原本不会享受到公民权利之人得到了最大的尊重。毫不夸张地说，开放社会协会的资助行动是一项"功在当代、利在千秋"的伟大事业，是一项每个关心社会的组织都应参与其中的大计划。乔治·索罗斯作为这个组织的缔造者，充分且完全地将有限的资金投入到了无限的事业当中，从这个角度讲，他已经成了慈善家。

直至今天，乔治·索罗斯依旧践行着其"开放社会概念"，真切地希望世界是真正开放的。

第十章 洗尽铅华的大鳄

1. 投身公益事业

很多名人最后都会投身公益，索罗斯也不例外。索罗斯赚到的财富，并不都用在了自己的身上，他把其中一部分用在了慈善上。作为一个来自于匈牙利，后期成为美国公民的犹太人来说，乔治·索罗斯更喜欢他的美国公民身份。他喜欢做到让人尊敬，做过很多让人瞠目的事情。他是世界的，他也发现东欧、中欧、苏联以及中部欧亚大陆等地比美国更需要帮助。

索罗斯想拯救整个世界。这位金融投资商承认，他有时把自己视作一个神。例如，他捐献了5000万美元以上的资金，用以在受战争破坏的波黑采取援助措施和在萨拉热窝建造一个紧急供水系统。为了防止俄罗斯科学家在苏联解体之后为中东的独裁者服务，索罗斯承担了他们中将近1/3的人的年薪。

可是就在两极世界消失，美国开始一头独大时，乔治·索罗斯却不得不将目光转回到美国。因为他发现美国的开放社会正在受到侵蚀，他开始越来越为美国的将来担忧——害怕它因为强大而成为独裁专制的国家，这将会使得开放社会在美国不复存在。这种担忧经常让乔治·索罗斯彻夜难眠，他时常向友人们询问："如果我把慈善事业扩展到美国，那么焦点应该放在哪里呢？"

从1996年开始，乔治·索罗斯将更多的精力放在美国，1996年他为帮助加利福尼亚州和亚利桑那州通过使医用大麻合法化的公民提案捐献了100万美元；为一项旨在对身患绝症者提供更有人情味和更实际的治疗的"临终关怀"计划捐出了1500万美元；为一笔对合法移民提供帮助的基金捐献了5000万美元；另外还捐献了1200万美元，用以改进老城区和乡村地区的数学教学。他希望自己在美国的慈善事业也能像在东欧地区一样取得成功。同年，乔治·索罗斯的开放社会协会成立了在美国将要实施的项目。而在针对美国的项目中，以资助"美国有关死亡问题的题目"和支持"毒品政策研究中心"这两项最受关注。

乔治·索罗斯之所以会选择资助"美国有关死亡问题的题目"，与他的经历不无关系。乔治·索罗斯的父亲犹华达去世时，他来不及给予父亲临终关怀，这是令他追悔莫及的事情。好在母亲去世之前，乔治·索罗斯一直陪伴左右，这样做不仅让作为儿子的他不再感到遗憾，还让他的母亲也不再觉得孤单。所以乔治·索罗斯突然有了灵感，他开始倡导全美国讨论死亡和临终看护的问题。为此，开放社会协会马上下拨资金，用于医学方面，希望医学院能将死亡作为一项研究课题。同时，乔治·索罗斯鼓励疗养院研究医疗照护，并希望新闻、通俗文化、艺术等方面都能更为公开地讨论死亡。

1996年，乔治·索罗斯自掏腰包捐助100万美元用以支持加利福尼亚州的大麻合法化。在美国，这种公益事业并未得到所有人的支持，为数不少的反对者开始对乔治·索罗斯的行为产生了质疑。1997年乔治·索罗斯的开放社会协会向美国旧金山潮汐基金会捐资110万美元，用于为吸毒者提供干净的注射器以防止艾滋病的传播的做法，使反对乔治·索罗斯的声音更多了。乔治·索罗斯并未放慢自己的脚步，他在《华盛顿邮报》上表示："我相信扫毒对社会造成的危害，远远超过滥用毒品本身……政府想要不切实际地消除所有的毒品，反而鼓励社会走向了两极化……我曾经试过大麻，但并没有养成习惯。我也担心孩子会染上毒品，幸好这不是严重的问题……我唯一担心的是，扫毒会对我们的社会造成巨大的伤害……"

乔治·索罗斯是一个令人畏惧的人，他会出其不意地开始一项计划，然后通过一项项计划"敛取"劳动人民的血汗钱；同时他也是一个令人敬佩的人，这表现在他的投资技巧和对于慈善事业的热衷上。虽然在做慈善事业的过程中他受到了批评者的舆论攻击，但这并未阻止他在慈善事业上投入更多的热情。

乔治·索罗斯曾邀请8位"权威人士"到其寓所讨论在美国应该用什么样的方法来推动公益事业。这8个人分别是：巴德学院院长波特斯坦，奈尔，专攻道德哲学的3位哲学家——赖恩、史甘隆和威廉斯，普林斯顿大学教授伊桑·纳德尔曼，主持哥伦比亚大学社会与医学研究中心的医师罗斯曼，以及曾就男女平等主义伦理和公民权利发表论述的教授班赫比伯。他们讨论了很多话题，比如城市贫民区的问题激化了社会中种族和阶级对立、监狱的人满为患、毒品政策方向的错误、未能协助破碎的家庭等。这次会议对于乔治·索罗斯来说非常重要，他很快把自己的慈善事业做得更有声有色了。

乔治·索罗斯成立的犯罪、社区暨文化中心，主要对那些提供监狱和社区服务的组织进行捐款，并支持一些团体推动政治改革。

对索罗斯来说最成功的莫过于开放社会协会，协会在资助教育和青少年发展的问题上不遗余力，在对这方面进行了长时间的关注后，便努力以此为基础，开始向全国推广，实施课后计划。协会会有针对性地对孩子进行3—4小时的教学辅导、卫生保健服务及文化培训，并为改进老城区和乡村地区的教学工作捐款。

在周末会议上，他们讨论的问题多是怎样在美国做更多的慈善事业。最终，他们认为应该选定一座都会中心，以此作为社会实验室，对所实施的公益计划进行测试，检验出哪些方法是有效的，而哪些存在缺陷。

1996年，开放社会协会在巴尔的摩设立了分支机构，运作方式与设立在国外的基金会相似，都是以招收当地员工为主，并在当地挑选合适的管理人。在乔治·索罗斯看来，当地人管理的分支机构更能为当地服务，因为他们清楚什么事情应该是优先处理的。

1987年席摩克成为巴尔的摩市的市长，他上任后极力主张毒品合法化，他认为毒品一旦合法化，那么贩毒牟取暴利的行为就会减少，犯罪和吸毒的发生次数也会日渐下降。乔治·索罗斯斥资1300万美元表示支持那些开放软毒品市场的团体。

不管怎样，乔治·索罗斯都不打算放弃推进毒品合法化政策的进程。虽然乔治·索罗斯在支持毒品合法化政策上不遗余力，并遭到了质疑，但他在其他公益事业上做出的贡献却是令人敬佩的。

对于像索罗斯这样一位赚钱不眨眼的超级剥削者来说，十分有意思的是，他居然在1997年以慈善家的身份，被美国人评为"全美国最具影响力的人物"之一。乔治·索罗斯在美国的公益事业上取得的成绩是喜人的。

2000年，乔治·索罗斯在美国全面实施公益计划的第5年，他觉得全国董事会有必要在巴尔的摩举行年会，主要行程是实地参观当地的学校、贫民区等，意在检验这些计划的实施成效。不过，乔治·索罗斯临时要处理其他事情，没有参加此次年会，其他董事按照原计划行事。

与巴尔的摩市其他地区相比，罗丝街称得上是巴尔的摩市的"天堂"。罗丝街社区的街道上孩子们快乐地玩耍，整个街区呈现出的繁荣之状与该社区以外其他社区破旧的房屋和充满死亡气息的街道形成了鲜明的对比。董事们一时间感触良多，因为他们此刻伫立的街角，在开放社会协会的援助资金拨下来之前，是一个露天毒品市场的大本营。但在开放社会协会的帮助后，曾经给毒贩子打下手的青少年开始接受辅导和咨询，寻找合法的工作。

乔治·索罗斯支持毒品合理化的初衷，源于他认为这样会大大地减少犯罪，但史蒂芬·斯坦纳却认为毒品合法化根本解决不了这个问题。史蒂芬·斯坦纳是一个憎恨索罗斯的人，他的儿子就是吸毒致死的，他曾经说："我们都看到了酒精合法化后带来的危害，所以毒品合法化最终会减少犯罪的说法简直荒谬至极，这实在太令人惊讶了……乔治·索罗斯在对待英镑时的态度，让很多人都不会愿意再倾听他的想法，都会排斥他。可事实上，他因此拥有太多的金钱，所以他能够继续留在华尔街……他是一个极其邪恶的家伙！"

1996年，乔治·索罗斯一共为美国公益事业捐助了8100万美元；1997年，乔治·索罗斯在公益事业上的总支出为4.28亿美元，美国公益计划占其中的5720万美元；1998年，其慈善总支出为5.745亿美元，美国公益计划占1.185亿美元；2000年，其慈善总支出为5.6亿美元，美国公益计划占9300万美元。不管在众人眼中的形象是什么样的，不管有多少人反对乔治·索罗斯，他都不会在乎，因为在他的心中，眼前所有的困难和障碍都是实现"开放社会"所要承受的，那是他的梦想。

　　2006年9月，索罗斯脱离了他个人所专注的民主建设计划，答应捐赠5000万美元给杰佛瑞·萨克斯领导的Millennium Promise救助非洲。他认为，糟糕的统治与贫穷有关联他注意到这个计划中的人道主义价值。2009年12月11日，索罗斯在哥本哈根举行的2009年联合国气候变化大会上发言，称应利用国际货币基金组织的金融工具特别提款权向发展中国家发出贷款，以实现减排协议的达成，贷款的利息则出售国际货币基金组织的黄金储备来支付。

　　2011年7月27日，81岁的索罗斯决定结束长达40年的避险基金经理人生涯，将10亿美元的资金退还给外部投资人，不再替客户操盘。同时，索罗斯宣布他的余生将只做慈善事业。

　　索罗斯曾说过："我想澄清我自己的角色。我在货币市场和在东欧地区的活动，它们之间其实有着鲜明的区别。在东欧，我希望推动开放社会，在金融市场，我为股东和我自己追求利润。我进入金融市场使我有资金在东欧支持基金会的运作，我在东欧并不是为追求利润，我并不像在金融市场中那样在慈善机构行事。" 索罗斯认为，他一生都在试图澄清两个职业——投资家和慈善家，它们是相互分离的，截然不同的。他从事慈善事业不是为了他的投资收益。

2. 备受争议

说到索罗斯，很多人会感觉他很讨厌。大家都指责他在1992年对英格兰银行的围剿，从此让英国退出欧洲汇率机制，指责他在1993年放空德国马克，1997年狙击泰铢，引发全球金融风暴，大家也拍手称快于他1998年与中国香港特区政府的大战，因为这次战争让他损失数十亿美元。

他让善良百姓饱受经济破产的煎熬，同时他也是国际著名慈善家，这种亦正亦邪的形象，让人对索罗斯不知如何定位。他是"打垮英格兰银行的人"和"宇宙主宰者"，他运用金钱从事慈善事业。

乔治·索罗斯在《全球资本主义危机》一书中说出了他从事慈善事业的理由，他认为让开放社会长存于世的方法，便是从侧面帮助一些相对封闭的国家走上开放之路。索罗斯曾在一个寒冷的夜晚驱车一个小时，从曼哈顿赶到康涅狄格州的格林尼治布鲁斯博物馆，目的是他要为学者救助基金募集资金而演讲。从2002年起，该计划已向来自40个国家的266位受迫害的学者提供了安全庇护。

对索罗斯来说，他在投资市场上赚取的财富，为他的慈善事业提供了强大的后援。他说："做一些对这个世界真正有意义的事情，这才是值得为之献身的。"在他看来，"如果只是为了变得富有而死去，我将是失败者。"自1993年起，人权活动家阿里·奈尔就开始运作开放社会协会，据他的计算，索罗斯向其慈善事业捐助的总额已超过50亿美元，主要通过其基金会进行捐助。

很多人抨击索罗斯的言论，他们认为慈善只是一个掩藏他真实意图的借口罢了，在其慈善之举的背后，隐藏着的真正动机是谋求利益。比如，乔治·索罗斯虽然在俄罗斯投入了相当多的资金来进行慈善事业，但同时他也在该国多项关键产业中大量投资，比如电信业。尽管乔治·索罗斯声称自己只是进入俄罗斯的经济市场，并没有介入俄罗斯的政治，但研究者依然坚信其利用捐款之名来进行商业利益的交换。

乔治·索罗斯极为关注波兰的政治改革，包括促进波兰国有企业民营化，推动金融市场自由化等。外界认为乔治·索罗斯自由化政策不但没能让波兰人民过上更好的生活，反而使得该国经济遭受了巨大的损失，也给美国或欧洲国家进入波兰，兼并或直接接手波兰的企业提供了机会。

除了在欧洲备受争议之外，乔治·索罗斯在美国国内也成为"众矢之的"。美国研究者称，乔治·索罗斯在美国起家，却将大量的资金投资在东欧等国家。尽管他在美国也大行善举，但这并不能阻止研究者对他进行舆论攻击，而由乔治·索罗斯提出的各种社会政策主张，更使他成了他们的主要攻击对象。

不管外界怎样看待他，如何指责他，说他是一个邪恶得如"魔鬼"一般的人，乔治·索罗斯在慈善事业上的所作所为仍旧是利大于弊的。虽然还是会有一些人因为某种原因而误解乔治·索罗斯，觉得他是"良心不安"才施善举的，但不得不说，还是有越来越多的人认同他的做法。即便人们因为主观原因而对乔治·索罗斯有诸多看法，但历史必然会站在客观的角度给他一个公正的评价。

在这些批评者的眼中，乔治·索罗斯是一个一手捐钱，一手捞钱的伪善的人。

从1992年开始，乔治·索罗斯便以"双面人"的形象出现在众人眼前。当时，他只用了几天的时间便从英国每个人的口袋里拿走了12.5英镑，所以在随后的英国邮报上刊登出来的乔治·索罗斯看上去就像个"恶棍"。令人感到奇怪的是，乔治·索罗斯看似做了一件十分对不起英国人的事情，却没有人觉得他应该为这件事受到惩罚，甚至在不久以后成了众多英国民众心中的"英雄"。而在1997年的东南亚金融危机之后，乔治·索罗斯不再如1992年时那样自由地在公众面前出现了。

在东南亚金融危机爆发之时最先遭殃的就是泰国民众，而1997年的金融危机过后，他们也远没有英国民众那么"心胸开阔"，反对乔治·索罗斯的情绪甚为激烈。他们给乔治·索罗斯准备的是臭鸡蛋，只要他敢来泰国，他们就会毫不犹豫地攻击他。在这些泰国民众看来，乔治·索罗斯是东南亚经济危机的元凶，当时只要提起乔治·索罗斯很多泰国人都是一副咬牙切齿的样子。

在这种情况下，乔治·索罗斯还曾经计划访问泰国，去参加一个亚洲经济发展研讨会，并为此准备了演讲稿。但这一消息刚一传到情绪激动的泰国民众耳中，他们就纷纷表示了愤怒和不满，许多泰国的民间机构和组织还为此一连举行了几天的示威活动，要求当局禁止乔治·索罗斯进入泰国。碰到这样尴尬的一幕，乔治·索罗斯只好取消了对泰国的访问。事后乔治·索罗斯说："泰国人应该多从自己的经济结构上找问题，即便没有我，亚洲经济也会出问题。"

当乔治·索罗斯在1997年的东南亚金融危机中轻易地获得近20亿美元的资金时，东南亚各国首脑都认为乔治·索罗斯的行为十分"卑劣"。马来西亚总理马哈蒂尔说："乔治·索罗斯是罪恶的'杀人元凶'，货币汇率如此狂泻，会导致穷人更加贫穷，他们与乔治·索罗斯无冤无仇，为何要因他而家破人亡呢？他简直就是一个黑了心肝的人！"

而对于东南亚经济危机，一向心直口快的马哈蒂尔还说："事实上，我们并不反对投机，但是具有操纵和颠覆性质的行为是我们要极力反对的，尤其是那些可以操纵物价下跌的有钱人……美国政府不认为乔治·索罗斯有罪，是因为受苦的地区不是美国……东南亚经济危机其实是一场政治阴谋，乔治·索罗斯背后有西方人的组织做后台……"

当时就有人对马哈蒂尔指责乔治·索罗斯的言辞表示"质疑"："当马哈蒂尔谴责乔治·索罗斯是一个不折不扣的强盗时，可能他没有发觉，实际上乔治·索罗斯并不是为美国金融战略效力的走狗。"这番话对于乔治·索罗斯的行为是褒是贬暂且不谈，起码说明还有人"信任"乔治·索罗斯，相信他不是任何人的"工具"。

即便遭到非议，乔治·索罗斯还是乔治·索罗斯，他不会因为被猜测动机不纯而放弃"开放社会概念"，也不会因为一系列"不怀好意"的指控而在投资上显出疲态。他依然我行我素，投资赚钱、捐钱、著书立说，丝毫不受外界的影响。正如乔治·索罗斯所说："我只是我自己遗传的运行人罢了。"

索罗斯就是这样的一个人，他善于赚钱，但并不看重钱。和"富豪"的称呼相比，索罗斯更喜欢别人称呼他为"思想家"。在他看来，为世界留下思想，比留下财富更值得他骄傲。

3. 永远的乔治·索罗斯

索罗斯的投资生涯让很多投资者感到羡慕不已。他凭着自己的投资才能，对整个世界产生了影响，成为"最伟大的投资家之一"。他编织一张大网，在全世界25个国家设立了他的基金会，建立了一套他自己的投资哲学。无数投资者对他崇拜、着迷，唯他马首是瞻。

当21世纪来临之时，乔治·索罗斯的时代正慢慢逝去。1997年索罗斯攻击泰铢的故事在今天提起已经是历史了。但索罗斯始终都没有忘记，他自己在背后的勤劳付出。

1999年，乔治·索罗斯自信满满地预测网络会迎来一次低潮，他的预测比实际早了一年。网络泡沫的破灭，使众多持有网络股的公司备受打击，乔治·索罗斯是其中受打击最大的一个这与他的"投资习惯"有关，当他认为投资方向是正确的时候，他会不断地加大筹码，这种习惯也让他承受着巨大的投资风险。

　　2000年互联网泡沫破灭后不久，斯坦利·德鲁肯米勒和尼克·罗迪辞职，乔治·索罗斯便将配额基金关闭。随后，索罗斯基金的CEO邓肯·海恩斯也挂冠而去。此时乔治·索罗斯的身边似乎再没有更得力的助手了，这让已经将精力全部投在慈善事业和哲学方面的他不得不重回宝座，对索罗斯基金管理公司进行重组。

　　索罗斯是世界上最优秀的投资专家之一，但他知道要打造一个金融业的罗马帝国不是凭一个人就能做到的，所以，他成立量子基金以后，便相当重视寻找人才，与他们并肩作战。随着量子基金的规模越来越大，需要的投资人才就越来越多。当初，他创业的时候，只管理20万美元的资金，可到了20世纪90年代，他管理的资金数额超过了175亿美元。

　　乔治·索罗斯在网络股上的失败，让人们开始怀疑那个战无不胜的索罗斯是不是已经老了。量子基金没有了昔日的辉煌，甚至出现了总资产下跌的情形。2004年索罗斯基金管理公司的总资产下跌了1.7%，次年总回报率仅为3%，而在同一时期的其他以股票投资为特色的基金都表现得要比索罗斯基金管理公司好。

　　有人说这个"走在市场曲线前面的人"已经失去对市场的敏感度，2002年，乔治·索罗斯在日本成立了对冲基金Eifuku。同年，

Eifuku疾升76%，前景一片大好。然而，到了2005年1月初，当其他投资者停止投资准备外出度假时，Eifuku却反其道而行，利用借来的股票和资金开始以大手笔做博彩形式的杠杆投资。乔治·索罗斯再次"走眼"，由于炒作过度，在短短的7个交易日内，Eifuku便狂跌98%，随后便宣布清盘，估计乔治·索罗斯为此损失1.8亿美元。

在美股升市前，他沽出纸张及木材制造商Georgia-Pacific和埃克森美孚石油公司的股票，总值分别为5520万美元和3670万美元。结果，Georgia-Pacific和Phelps Dodge的股价涨幅均逾20%。乔治·索罗斯的"金手指"同样失去了效力。

2005年5月，美国已经开始表现出利用"弱美元"政策来刺激制造业的动向。为此，乔治·索罗斯对外表示，美国财政部部长斯诺的政策简直是"损人利己、不负责任、不顾他人死活"！与此同时，乔治·索罗斯更公开表示他正在沽售美元，吸纳欧元、新西兰元、加拿大元和澳大利亚元，原因是美国放弃了强势美元的政策。

作为金融市场上的"风向标"，试想一下，乔治·索罗斯的举动应该会在市场上掀起轩然大波。可是此时他所代表的"环球宏观基金"在投资市场的地位今非昔比，所以他的做法并没有在金融市场上造成大范围的影响。索罗斯也无法震撼金融市场，因为现在的金融市场已经今非昔比。

乔治·索罗斯改变了，他请了很多人帮助自己打理一切事务。他希望他的长子罗伯特·索罗斯能够继承他的事业，接下他的江山，可是罗伯特·索罗斯对此缺乏足够的兴趣。无可奈何的乔治·索罗斯通过猎头公司请来了在"德胜投资"管理600亿美元的比尔·斯戴克做索罗斯基金管理公司的CEO。2002年初，乔治·索罗斯再次充实索罗斯基金管理公司的核心管理层，邀请曾在"老虎基金"和"Maverick Capital"任主管的毕晓普担任索罗斯基金管理公司的首席投资主管。但成绩并没有预期的那样理想，2002年，索罗斯基金管理公司亏损1.7%。等待着乔治·索罗斯的除了不佳的业绩外，他的个人声誉也面临着严重的挑战，法国兴业银行的"内幕消息丑闻"一案便在此时被翻了出来。

连遭打击的乔治·索罗斯决定"走马换将"，请来了曾在高盛亚洲担任主席的施瓦茨管理索罗斯基金管理公司和比尔·斯戴克的个人投资。

2005年4月，毕晓普辞职，随其出走的还有几名分析员和行政人员。据说毕晓普的离职似乎与施瓦茨有关，因为在这个"强人"的监管下，"工作是十分困难的事。"

乔治·索罗斯对施瓦茨寄予厚望。在写给投资者的信中，他表示："施瓦茨的责任是将索罗斯基金管理公司打造成一个卓越而长寿的资金管理组织，确保给股东带来满意的回报。"

乔治·索罗斯决定开发更为稳妥的业务。为此，他于2005年9月聘请了高盛投资公司的姆努奇恩，让其负责开发贷款和购买债券的新业务。

21世纪最初的几年，乔治·索罗斯虽然无法再现1992年狙击英镑时的辉煌，但他并未消失在人们的视野中。投资中国海南航空公司和百度公司，这些都是他投资新目标的开始。他在潜伏，等着新的猎物。相信乔治·索罗斯仍会借着"索罗斯的精神"将基金会运作下去，从他屡屡更新基金会的血液就能看出来。

截止到2004年，乔治·索罗斯向世界各地捐资达50亿美元，排名世界第二，仅次于首富比尔·盖茨的捐资额度。一个个事实已经证明，乔治·索罗斯是令人着迷的，他的举动时而凶猛如狼，时而轻柔如羊，让人又爱又恨。正如他自己所言，捐钱给他带来的快乐远比赚钱来得多。

索罗斯每天都要收到大量的报告，他需要在各种各样的信息中分析和判断出经济的走向，确定自己的投资方向。这些工作都是需要花费时间和精力的，不是可以敷衍了事的。有时候，他为了获得第一手信息，常常要亲自去拜访相关公司。为了把握企业真实的状况，他还会出其不意地考察那些让他心存疑虑的公司，以使自己真正做到对投资的企业心中有数，不被市场的假象蒙蔽。

尽管乔治·索罗斯在金融市场上几经起落，但他依旧是一个让投资界仰视的人物，他在金融市场上所取得的成就和地位，至今无人可以替代。索罗斯基金管理公司资产为120亿美元，仍然是世界上最大的非主流资产管理基金之一。

索罗斯能成为投资界呼风唤雨的人物，全凭借过人的分析能力和胆识。他引导着量子基金在世界金融市场上一次又一次地攀升，在挫折中逐渐成长壮大。他凭借量子基金在20世纪90年代发动了几次大规模的货币狙击战，其强大的财力和凶狠的作风令很多货币薄弱的国家闻风丧胆。

他拥有了巨大的财富，是一个出名的慈善家，但他又是一条令你出其不意的大鳄，不知什么时候会给你重重一击。金融史上的乔治·索罗斯，无论在庙堂还是在坊间，已被太多人传说和评议，尽管是非很多，依然不妨碍他成为传奇。

附

录

乔治·索罗斯生平

乔治·索罗斯，著名的货币投机家，股票投资者、慈善家。

1930年，乔治·索罗斯出生在匈牙利的布达佩斯，一个中产阶级的犹太人家庭，出生时的匈牙利名字叫吉奇·索拉什，后英语化为乔治·索罗斯。在家乡，他度过了一个快乐的童年。1944年，随着纳粹对布达佩斯的侵略，幸福的童年很快就结束了，他随全家开始了逃亡生涯。战争给索罗斯上了终生难忘的一课：冒险是对的，但绝不要冒毁灭性的危险。

1947年秋天，17岁的索罗斯只身离开匈牙利，准备前往伦敦寻求发展。他先去了瑞士的伯尔尼，而后马上又去了伦敦。艰苦的生活让他不得不重新思考未来的人生，一年以后，他决定通过求学来改变自己的境况。

1949年，索罗斯开始进入伦敦经济学院学习，并于1953年毕业。毕业之后，他就职于辛哥·弗利兰德公司。由此，他的金融生涯揭开了序幕。

1959年，索罗斯转投经营海外业务的威特海姆公司，继续从事欧洲证券业务。一年后，索罗斯第一次对外国金融市场进行了成功的试验，锋芒初现。1963年，索罗斯又开始为阿诺德·莱希罗德效力。5年后，索罗斯凭借他的才能晋升公司研究部的主管。然而真正给索罗斯以后的投资生涯带来重大转折的是他遇到了耶鲁大学毕业的吉姆·罗杰斯。在联手的10年间，他们成为华尔街上的最佳黄金搭档。

1973年，索罗斯和罗杰斯离开了阿诺德·莱希罗德公司，创建了索罗斯基金管理公司，开始了艰难的创业生涯。由于索罗斯和罗杰斯超群的投资才能和默契的配合，索罗斯基金呈量子般的增长。1979年公司更名为量子基金。

1980年，更是一个特别值得骄傲的年度——基金增长了102.6%，这是索罗斯和罗杰斯合作成绩最好的一年。此时，索罗斯个人也已跻身到亿万富翁的行列。但令人遗憾的是，罗杰斯此时决定离开。

1981年，索罗斯遭受到了他金融生涯的一次大失败。这一年，索罗斯所持有的公债每股损失了3到5个百分点，总计大约损失了几百万美元，量子基金的利润首次下降。大批的投资者弃他而去，带走了公司近一半的资产，约1.93亿美元。

随着美国经济的发展，美元表现得越来越坚挺，美国的贸易逆差以惊人的速度上升，索罗斯确信美国正在走向萧条，他决定在这场即将到来的风暴中地搏击一场。1985年9月，索罗斯开始做多马克和日元。他先期持有的马克和日元的多达7亿美元，已超过了量子基金的全部价值。到第二年，量子基金的财富增加了42.1%，达到15亿美元。索罗斯个人从公司中获得的收入达2亿美元。

不过，上帝并非一直垂青索罗斯，1987年索罗斯遭遇了他的"滑铁卢"。索罗斯把几十亿美元的投资从东京转移到了华尔街。

华尔街证券市场崩溃。索罗斯因此在一天之内损失了2亿多美元，他成了这场灾难中最大的失败者。

然而，对于索罗斯来说，失败已经不足以给他带来打击，1992年，索罗斯抓住时机，成功地狙击英镑。这一石破天惊之举，使得惯于躲在幕后的他突然聚焦于世界公众面前，成为世界闻名的投资大师。1997年，索罗斯先后制造了金融风暴，席卷泰国、印度尼西亚、菲律宾、缅甸、马来西亚等国家。导致这些东南亚国家工厂倒闭，银行破产，物价上涨等一片惨不忍睹的景象。1998年7月中旬，港币遭到大量投机性的抛售，港币汇率受到冲击，一路下滑，索罗斯开始发动新一轮的进攻重挫了香港经济。

索罗斯作为世界上的头号投资家是当之无愧的。从他进入国际金融领域至今，他所取得的骄人业绩，几乎无人与之能比。也有人将索罗斯称为"金融杀手"、"魔鬼"。他所率领的投机资金在金融市场上刮去了许多国家的财富。但不管是被称为金融奇才，还是被称为金融杀手，索罗斯的金融才能是不容置疑，他是一个极具影响力的人。

乔治·索罗斯年表

1930年8月12日乔治·索罗斯生于匈牙利布达佩斯。

1936年，家人将其名字从吉奇·索拉什(Gyoumlrgy Schwartz) 改为乔治·索罗斯(George Soros)

1944年，纳粹德国对其家乡进行军事控制。当时索罗斯14岁,形势所迫随全家开始了逃亡生涯。

1945年，索罗斯家人在苏联与德国军队的布达佩斯战役中存活下来。

1947年秋，17岁的索罗斯只身离开匈牙利，前往伦敦寻求发展。他先去了瑞士的伯尔尼，而后马上又去了伦敦。

1949年，索罗斯进入伦敦经济学院学习。

1953年，索罗斯从伦敦经济学院毕业。

1956年，索罗斯移居美国纽约。

1956年—1959年，索罗斯在梅尔公司做一名交易员。在这里他开始发展自己的"反身理论"，这套理论是后来索罗斯指导自己投资家和慈善家职业生涯的基础。

1959年，索罗斯转投经营海外业务的威特海姆公司，继续从事欧洲证券业务。

1960年，索罗斯第一次对外国金融市场进行了成功的试验。

1963年—1973年，索罗斯在阿诺德·莱希罗德公司工作，并成为公司研究部副主管。

1967年，索罗斯凭借他的才能晋升为公司研究部的主管。

1973年，索罗斯离开阿诺德·莱希罗德公司，创建了自己的基金管理公司，其1200万资金大部分来自于投资者。公司名称起初为索罗斯基金，后更名为量子捐赠基金。

1979年，索罗斯决定将索罗斯基金更名为量子基金，事业蒸蒸日上，索罗斯通过向南非的开普敦大学的黑人学生提供资金的方式开始其慈善活动。同时，他也支持东部地区许多国家的不同政见者。

1980年，该年度基金增长102.6%，这是索罗斯和罗杰斯合作成绩最好的一年。

1982年，贷款利率下降，股票不断上涨，这使得索罗斯的量子基金获得了巨额回报。

1985年，索罗斯开始做多马克和日元。

1986年，美元跌至1美元兑换153日元。索罗斯在这场大手笔的金融行动中前后总计赚了大约1.5亿美元。量子基金在华尔街名声大噪。

1987年9月，索罗斯把几十亿美元的投资从东京转移到了华尔街，华尔街证券市场崩溃，索罗斯遭遇了他的"滑铁卢"

1992年，索罗斯决定大量放空英镑。这一石破天惊之举，使得惯于隐于幕后的他突然聚焦于世界公众面前，成为世界闻名的投资大师。

1993年，索罗斯通过分析发现，英国的房地产业正处于低谷，价值偏低。他通过与里奇曼共同设立的基金，斥资7.75亿美元，一举收购了英国土地公司4.8%的股份。

1994年，索罗斯开始斥巨资卖空德国马克。

1997年3月，索罗斯抓住时机，开始大量抛售泰铢，泰国政府被国际投机家卷走了40亿美元。随后他制造的金融风暴席卷印度尼西亚、菲律宾、缅甸、马来西亚等国家及我国香港和台湾和地区。

至今，索罗斯依旧纵横在金融领域里。